世界未解之谜

侃　侃◎主编

江西美术出版社
全国百佳出版单位

图书在版编目（CIP）数据

世界未解之谜 / 侃侃主编 . — 南昌：江西美术出版社，2017.1（2021.11 重印）
（学生课外必读书系）
ISBN 978-7-5480-4952-4

Ⅰ . ①世… Ⅱ . ①侃… Ⅲ . ①科学知识—少儿读物 Ⅳ . ① Z228.1

中国版本图书馆 CIP 数据核字（2016）第 260645 号

出品人：汤 华	江西美术出版社邮购部
责任编辑：刘 芳 廖 静 陈 军 刘霄汉	联系人：熊 妮
责任印刷：谭 勋	电话：0791-86565703
书籍设计：韩 立 潘 松	QQ：3281768056

学生课外必读书系

世界未解之谜　　侃侃　主编

出版：江西美术出版社
社址：南昌市子安路66号
邮编：330025
电话：0791-86566274
发行：010-58815874
印刷：北京市松源印刷有限公司
版次：2017年1月第1版　　2021年11月第2版
印次：2021年11月第2次印刷
开本：680mm×930mm　　1/16
印张：10
ISBN 978-7-5480-4952-4
定价：29.80元

　　宇宙浩瀚无边，但它真的是从一个极其微小的点爆炸而来的吗？恐龙作为霸主曾统治地球一亿多年，它们究竟是如何灭绝的？人类在地球生活了这么久，但我们的祖先又来自哪里呢？谜样的金字塔，其中的神奇力量到底是怎么回事？出现在世界各地的 UFO 真真假假，它真的是外星人存在的证据吗？轰动一时的尼斯湖水怪到底是人为的闹剧还是确有其物……

　　关于文明，关于地球，关于人类自身，有太多太多的谜团等待我们去探索，去挖掘。

　　这些让孩子们感到困惑不解的事件和现象广泛而真实地存在着，有些是人类当前的认知能力和科技水平所不能完全解释的，有些是其真实面目被历史尘封，它们所散发出来的神秘魅力，像磁石一般吸引着孩子们好奇的目光，并激发起他们探求真相的强烈兴趣。在对种种谜团的破译和解析过程中，孩子们不但能获得知识上的收益，还能获得愉快的精神体验。

　　鉴此，我们组织编写了这本《世界未解之谜》。本书以知识性和趣味性为出发点，全方位、多角度地展示了从宇宙探奇到自然异象，从文化疑云到宝藏迷踪，从地球秘境到生物魔法等方面最有研究价值、最具探索意义和最为孩子们所关注的未解之谜，内容涉及天文、地理、历史、文化、军事、科技、自然、生物等诸多领域，可谓包罗万象。

　　对于每个未解之谜，编者并未以一家之言取信于小读者，而是在参考了大量文献资料、考古发现的基础上，结合最新的研究成果，客观地将多种经过专家学者分析论证的观点一并提出，展示给孩子们，或引经据典，或独辟蹊径，或提供佐证，或点明主题，使其既多了一个与大师们面对面交流的机会，又多了一条了解真相的

途径，从而见微知著、去伪存真，努力揭示出谜团背后的真相。

　　写作风格上，本书力求通俗易懂、精准生动，将大量未知的事物与现象用深入浅出的语言完整表达出来，具有超强的可读性。

　　同时，编者精心挑选了近千幅精美图片，包括实物图片、自然风光、建筑景观、出土文物、摄影照片等。人物背后的故事，历史背后的真相，谜团背后的惊悚，大量珍贵图片直击未解之谜，与文字互为补充诠释，为读者展示出更为广阔的认知视野和想象空间。

　　生动流畅的叙述语言、逻辑严密的分析推理、图文并茂的编排形式、新颖独到的版式设计，将孩子们感兴趣的疑点与谜团全方位、立体地展现出来，使其在轻松获取知识、提升科学和文化素养的同时，获得更广阔的审美感受和愉快体验。

　　匪夷所思的谜题、扑朔迷离的玄机、鲜为人知的内幕。小朋友们还等什么，赶快打开本书，和我们一起揭开谜题背后的玄机与真相吧！

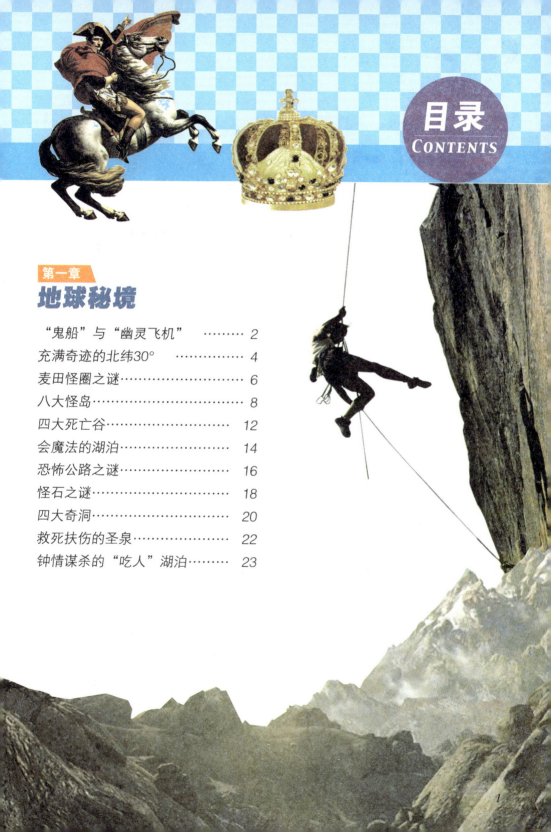

目录
CONTENTS

第一章
地球秘境

第二章
宇宙探奇

第三章
生物魔法

第四章
文化疑云

第五章
疯狂的自然异象

第六章

最令人困惑的未解之谜

Part 1
第一章
地球秘境

"鬼船"与"幽灵飞机"

"GUICHUAN" YU "YOULING FEIJI"

电影中出现过的"鬼船""幽灵飞机",谁曾想到它们还真的存在于现实世界中?

"鬼船"现身

在澳大利亚的昆士兰州附近的海域中,人们发现了一艘诡异的"无人船"。这艘船上所有的东西都安然无恙,发动机、电脑、导航系统、无线电等都正常地工作着,甚至酒菜也都完好地摆放在餐桌上,然而,令人倍感诧异的是这艘极为豪华的游艇上竟空无一人!根据船上的现场可以断定,船上的人不可能是遇到自然灾害而弃船逃生去了。

那么,船上的人到底去了什么地方?人们迷惑不解。

"幽灵飞机"前赴后继

在芝加哥欧海尔国际机场就发生过一件诡异的事情,该机场的地面雷达工作人员曾多次通过雷达探测到某种不明飞行物,当他们将这一异常发现报告给美国联邦航空局时却遭到了训斥!这是怎么回事?原来,美国联邦航空局并没有在雷达上发现他们所说的"不明飞行物"!难道是芝加哥的雷达出了故障?这种神秘物体是外星飞碟还是传说中的"幽灵飞机"?

1985年，有人在新几内亚的一片森林沼泽内发现了一架神秘的双引擎客机，人们根据机身上的标志判断，这架神秘的飞机居然是失踪了近半个世纪的民航客机！令人无法理解的是，这架飞机的外表竟和失踪前一模一样，毫无陈旧异变。而更多的奇迹在机舱里陆续被发现，人们在机舱内找到了1937年的报纸和20世纪30年代极为流行的烟盒，就连舱内的三明治也同样新鲜如初！

幽灵船队之谜

2009年，据英国《每日邮报》报道，航海历史上最神秘、最庞大的"幽灵船队"出现在新加坡东海岸，被遗弃在那儿的航船数量比美国和英国海军拥有的舰艇总数还要多，船上没有人也没有货物。一连串的疑问引起了世人的关注和猜测。当地渔民说："我不明白这些船为什么会在这里集聚，有集装箱船、散货船和油轮，而且上面似乎没有船员。有些船在停留了几个星期后悄然离开。它们就像真的鬼船或幽灵船队，我们都有点害怕。"有人猜测是因经济危机而破产的航运公司将这些航船抛弃在这里的。

充满奇迹的北纬 30°
CHONGMAN QIJI DE BEIWEI 30°

北纬 30° 线是一条神秘而又奇特的纬线。在这一纬线附近,奇观绝景比比皆是,自然谜团频频发生。

北纬30°,奇迹之线

沿地球北纬30° 线前行,眼前既有许多奇妙的自然景观,又存在着许多令人难解的神秘、怪异现象。从地理布局来看,这里既是地球山脉的最高峰——珠穆朗玛峰的所在地,同时又是海底最深处——西太平洋的马里亚纳海沟的藏身之所。除此之外,世界知名的河流,如美国的密西西比河、埃及的尼罗河、伊拉克的幼发拉底河、中国的长江等,均于此线处入海。

北纬30°,死亡之线

地球北纬30° 线常常是飞机、轮船失事的地方,人们习惯上把这个区域叫作"死亡旋涡区"。除了令人惊恐的百慕大三角,还有日本本州西部、夏威夷到美国大陆之间

火山岩

的海域、地中海及葡萄牙海岸、阿富汗等一些异常区也在这条线上。如果将北纬30°线上下各移动5°左右，我们再次吃惊地发现，在北纬35°线附近，是令人恐怖的地震死亡线。据统计，这一地区发生的灾难性地震，死亡在2000人以上或者震级在7级以上的就达几十次。

北纬30°，文明之线

更加令人觉得神秘难测的是，这条纬线上又是世界上许多著名的自然及文明之谜的所在地。比如，古埃及金字塔群，令人难解的狮身人面像，神秘的北非撒哈拉沙漠，达西里的"火神火种"壁画，死海，巴比伦的空中花园，传说中的大西洲沉没处，以及让人叹为观止的远古玛雅文明遗址，这些令人惊讶不已的古建筑和令人费解的神秘之地均汇聚于此，这不能不叫人感到蹊跷和惊奇。

珠穆朗玛峰

北纬30°，神秘之线

被称为"魔鬼三角海区"的百慕大三角，有着"太平洋百慕大三角之称"的日本龙三角区，美国加利福尼亚州的死亡谷，中国安徽的千古迷窟，都在北纬30°线上。我们不禁会问：这条纬线为什么会成为一个怪事迭出、充满祸患隐忧的神秘地带？它们是偶然巧合，还是造物主的有意安排，抑或是受神秘力量的操控？相信随着科学技术的不断发展，终有一天，这些隐藏在北纬30°上的秘密会被我们逐一破解。

麦田怪圈之谜
MAITIAN GUAI QUAN ZHI MI

在一望无际的麦田里，一夜之间竟然出现了一个个大小不等、形状规则的"怪圈"。当你看到这一现象，是不是会觉得万分惊讶？可这确实是事实。1990年，英国南部的一片麦田里就出现了300多个这样的"怪圈"，"怪圈"周围的草都枯萎了。这究竟是怎么回事呢？

磁场说

有专家认为，磁场中有一种神奇的移动力，可产生一股电流，使农作物"平躺"在地面上。美国专家杰弗里·威尔逊研究了130多个麦田怪圈，发现90%的怪圈附近都有连接高压电线的变压器，方圆270米内都有一个水池。由于接受灌溉，麦田底部的土壤释放出的离子会产生负电，与高压电线相连的变压器则产生正电，负电和正电碰撞后会产生电磁能，从而击倒小麦形成怪圈。

龙卷风说

从有关记载来看，麦田怪圈出现最多的季节是在春天和夏天。有人认为，夏季天气变化无常，龙卷风是造成怪圈的主要原因。很多麦田怪圈出现在山边或者离山脉六七千米的地方，这种地方很容易形成龙卷风。

外星制造说

探索一个谜团，往往会发现更多的谜题，在我们无

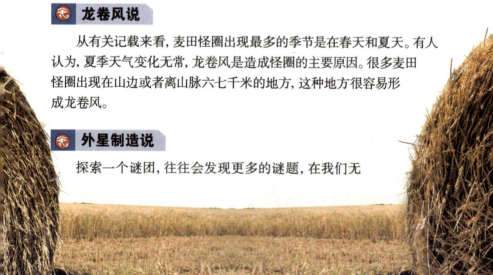

麦田怪圈

法对众多谜团做出解释时，便会有人将所有的问题都推到外星智慧生物身上。麦田怪圈大多是在一夜之间形成的，因此很多人相信，这些怪圈很可能是外星人的杰作。

异端说

一些人相信，麦田怪圈背后有种神秘的力量，也许身处于冥冥之中的神或者是更加高级的智慧生命，他们想要通过这些意义难解的符号向人类传达信息。这些信息可能是对于未来的预告，或者是对人类的警示。根据这种猜测，就有居心叵测的人把麦田怪圈说成是"灾难预告"，借以散布异端邪说。

人造说

这种说法很流行。相当一部分人认为，所谓麦田怪圈只是某些人的恶作剧。英国科学家安德鲁经过长达17年的调查研究认为，麦田怪圈有80%属于人为制造。他认为，这些麦田怪圈制造者趁着夜色钻进广阔的麦田中，用特定的工具将小麦压弯，然后按照早已经设计好的图样来制造麦田怪圈。而对于这些人的身份，安德鲁说，他们大多数都是学识渊博的知识分子，包括画家和摄影家，这些人认为麦田怪圈的美是一种行为艺术的表达。

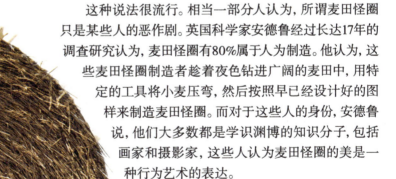

八大怪岛

BA DA GUAI DAO

对于一直住在大陆上的人们来说，波澜壮阔的海洋向来是令人向往的地方，特别是那些身处海洋中、与世隔绝的神秘小岛，尤其令人好奇。现在就让我们来看看这些奇特的岛屿吧！

行踪不定的"幽灵岛"

小朋友们一定玩过捉迷藏的游戏，但是你知道吗，不止人类会玩捉迷藏，就连海中的岛屿也会玩呢。1831年7月10日，一艘意大利船只在西西里岛西南方的海域行驶时，突然发现这里出现了一座小岛，而航海地图上却没有任何标记。可4个月后，当一队地质学家听到消息来此考察时，这座小岛却突然消失了。后来，地质学家把这种时隐时现的"幽灵岛"的成因归结于海底火山的喷发。

海鹦岛

踩在"火球"上的冰岛

冰岛意为"冰冻的陆地",位于格陵兰岛和挪威中间,靠近北极圈,为欧洲第二大岛。冰岛不但寒冷多雪,还是世界上火山活动最活跃的地区。因此,冰岛又被人们称为"冰与火共存的海岛"。

冰岛是世界上温泉最多的国家,所以被称为冰火之国。大自然的伟大力量在冰岛上呈现出温柔的模样,你在这个岛上可以领略多种地理景观,如冰川、热泉、间歇泉、活火山、冰帽、苔原、冰原、雪峰、火山岩荒漠及瀑布等。

使人长高的岛

位于加勒比海的马提尼克岛是一座非常神奇的岛屿。据说,生活在该岛上的居民都非常高,男的甚至高达2米,女的平均身高也超过1.74米。而更令人惊奇的是,每隔10年左右,岛上的人都会奇迹般增高几厘米。这种怪异的现象不仅出现在人类身上,就连生活在此地的动物也同样生长得特别快,更使人称奇的是,这里的老鼠居然和猫一样大!据科学家推测,该岛上的岩石中可能蕴藏着能使人体内部机能发生变化的某种放射性物质,正是这种物质使该岛成为"巨人国"。

9

旋转岛

　　据说有一艘希腊货轮在一次远航途中，发现离船1000米远的海面上，有个不断旋转的庞然大物。起初，他们以为遇上了超级海兽，一时吓得束手无策。后来驶近了才看清楚，原来是个小岛。据测算，这个小岛旋转速度很快，最快时每分钟转一圈，最慢时12分钟转一圈。大洋中的一个孤岛，为什么会旋转呢？一些研究者多次前往考察，但时至今日，还没有得出一个满意的结果。

会离合的岛

　　在浩瀚的太平洋上，有一个非常奇异的小岛。这个小岛有时会自行分离成两个小岛，有时又会自动合成一个小岛。分开和合拢的时间没有规律，少则1~2天，多则3~4天。分开时，两部分相距4米左右，合并时又成为一个整体。

复活节岛

　　复活节岛位于东南太平洋上，面积约为117平方千米，现属智利共和国的瓦尔帕

复活节岛石像

莱索地区。1722年洛加文将军带领一帮人登上该岛时，发现岛上耸立着许多石雕人像，它们背靠大海，面对陆地，排列在海岛的岸边上。每个石像形态不同，大小也不一样。令人不解的是，岛上这些石像是什么人雕刻的呢？它象征着什么？人们又是如何将它们从采石场运往几十千米外的海边的呢？有人说这是外星人的杰作。

美容岛

意大利南部有个巴尔卡洛岛，被人称为"美容岛"。很早以前，由于岛上火山爆发，熔岩流到山下形成泥浆，积在十几个池子里。这些泥浆能滋润肌肤，使肌肤嫩滑雪白，还能治疗腰痛，使人减肥，因此获得天然美容岛之称，吸引了国内外成千上万爱美的游客。每当夏日，岛上十几个泥浆池里，会挤满来自世界各地的人。数不清的男男女女、老老少少，在泥浆里滚来爬去，往身上、脸上涂抹泥浆，以使自己的皮肤更白嫩、更细腻。

令人自焚的岛

在加拿大北部地区的帕尔斯奇湖北边，有一个面积仅1平方千米的圆形小岛，当地人称它为"普罗米修斯的火炬"，简称"火炬岛"。据说，这一名称源于一个古老的传说：当年，把火种带给人类的普罗米修斯准备返回天宫的时候，顺手将已经没用了的火炬扔进了北冰洋，然而有火焰的一端并没有沉下去，而是露出水面继续燃烧，天长日久，便形成了一个小岛。经过风吹雨打，小岛上的火渐渐熄灭了。但是，即使过了许多年，它依旧有一种神奇的力量——人一旦踏上小岛，它就会如烈焰般地自焚起来。至于为什么会产生这种奇特的现象，因为登上该岛的科学家无一例外地全都被烧死了，所以没有人知道。

四大死亡谷

SI DA SIWANG GU

提起死亡谷，人们总是将其与神秘、恐怖等词汇联系在一起。这些连鸟类、爬行动物等都无法生存的区域，人类根本就不敢涉足，除非以生命作为代价。

只杀人的美国死亡谷

1949年，美国一支寻找金矿的探险队，来到加利福尼亚州和内华达州之间的一处山脉中，因迷路走进一个山谷，之后他们就再也没有走出来。后来，又有几支探险队进入其中，但无一例外，全都死在里面。于是，这个山谷就被称为死亡谷。

后来，科学家用航空侦察，惊诧地发现这个人间活地狱中居然大约繁衍着300多种鸟类、20余种蛇类、17种蜥蜴，还有1500多头野驴。时至今日，谁也弄不清这个山谷为何对人类如此凶残，而对动物却如此仁慈。

专杀动物的意大利死亡谷

意大利死亡谷的情形正好和美国的死亡谷相反——它只杀害飞禽走兽，对人类却十分友善。这个被称为"动物墓地"的死亡谷，坐落在那不勒斯和瓦维尔诺湖附近，风景十分优美。它本是一座各种野兽赖以生存的原始森林，但不知何故，每年在这座山谷中死亡的野兽多达37000多只。科学家和动物学家们多次进入该谷考察，都找不出具体的答案。

人兽皆杀的俄罗斯死亡谷

俄罗斯的死亡谷位于堪察加半岛的克罗诺基山区，此谷长2千米，宽只有100米~300米。这个死亡谷比美国和意大利的死亡谷更加恐怖，因为它人兽都杀。据山区的一位守林员说，他曾目睹一只大狗熊闯进谷中觅食，不料进去不久就突然栽倒，一命呜呼了。人如果不慎踏入死亡谷，同样难逃厄运。

据统计，目前已有30多人先后在这座吃人的山谷里丧命。但是，在距离这座死亡谷不远的地方就有一个村落，那里的村民却活得好好的。

中国的黑竹沟死亡谷

中国的"死亡之谷"在四川峨眉山中，又称黑竹沟。据说，早在1976年的时候，就有3名森林勘察队员在谷内失踪，3个月后被发现的时候，只剩下3具无肉骨架。1995年，解放军某部队派两名战士购粮，途经黑竹沟后也失踪了。因为有着种种诡异事件发生，所以这里平时很少有人涉足，猎人也不例外。

会魔法的湖泊

HUI MOFA DE HUPO

你 知道吗？会魔法的可不仅仅是巫师，就连湖泊也会"魔法"呢！

贝加尔湖

贝加尔湖海豹

贝加尔湖是亚欧大陆最大的淡水湖，也是世界上最深、蓄水量最大的淡水湖。但令科学家感兴趣的却不是它的深度，而是其中生物的多样性之谜。我们知道，贝加尔湖是淡水湖，可是湖里却生活着地地道道的海洋生物：海豹、海螺、海绵、龙虾等。另外，这个湖里有64%的动植物在世界上其他地方都是找不到的。淡水湖中为何会有海洋生物，科学家们一直都没有找到答案。

的的喀喀湖

的的喀喀湖海拔3812米，是世界上海拔最高的淡水湖之一，被称为"高原明珠"，印第安人称之为圣湖。的的喀喀湖位于玻利维亚和秘鲁两国交界的科亚奥高原上，然而令人难以理解的是，湖中竟然生活着大量海洋生物，比如海马、绿钩虾和各种贝类。此外，科学家还在的的喀喀湖附近的古城门上发现了"剑齿兽"等远古动物的图像，真是令人费解。

蛋卷一样的博苏姆推湖

在非洲西部的加纳库马西地区，有一个面积49平方千米的圆锥形内陆湖。据说

博苏姆推湖

该湖具有鸡蛋卷一样的形状，湖面的直径达7000多米，而湖的中心只有70多米深，周壁逐渐向中心倾斜，就像是人类精心打造出来的一个圆锥形。对于这个世界罕见的圆锥形湖泊的形成原因，人们一直是说法不一。人们比较容易想到的是陨石坠地引起的爆炸所致，或是由于火山喷发而留下的一个火山口湖。但是地质学家通过对该地区的调查，并没有发现这一地区有陨石坠地爆炸的任何迹象，也没有发现这一地区在地质史上有过火山活动的记录。

海马

你知道吗
NI ZHIDAO MA

湖泊指的是陆地表面洼地积水形成的比较宽广的水域，它们不像河流那样水流湍急，换流频繁，也不与海洋发生直接联系。湖泊的名字很多，如中国习惯用的泽、池、海、泡、荡、淀、泊、错等来为之命名。按盐度高低，湖泊可分为咸水湖与淡水湖。按形成原因，湖泊可分为火山湖、构造湖、冰蚀湖等。

的的喀喀湖一角

恐怖公路之谜

KONGBU GONGLU ZHI MI

陆地上有很多恐怖公路，接连不断地导致翻车事件，有的已经被人们揭开了面纱，但更多的还是未解之谜。

🐾 中国的死亡公路

中国兰（州）新（疆）公路距起点430千米处，是一个令过往司机头疼的恐怖地带。每当汽车行驶到这里，汽车常会被一种神秘的力量推动，莫名其妙地翻车。虽然司机们一到这里就加倍小心，可事故还是接连不断地发生，每年少则十几起，多则几十起。有人调查了历次翻车事故，发现每次失控的汽车都是向北翻，于是人们推测北边可能有一个大磁场，是强大的磁力将汽车吸翻的。

科学工作者们对这里进行了考察，最后认为这些事故是因为受到公路下面的地下水脉辐射的影响而造成的。这里地下有重叠交叉的地下河流组成的河水网，地下水脉的辐射量较之宇宙射线要强好几倍，司机受到辐射后会失去自控能力，因而会发生翻车事故。

美国"魔三角"

美国爱达荷州的州立公路上，离因支姆·麦克蒙14.5千米处，也是一个被司机们称为爱达荷魔鬼三角地的恐怖翻车地带。正常行驶的车辆一旦进入这一地带，就会突然被一股神秘的力量抛向空中，随后又重重地摔到地上，造成车毁人亡的惨重事故。

美国死亡公路附近

事实上，这段公路跟其他路段的公路没有什么区别，全都是又平坦又宽阔的大道。可为什么车辆到了这里就会被一股神秘的力量扔出去呢？至今未能解开这个谜。

华沙迷魂公路

波兰首都华沙附近有一段神奇的公路，在这段路上，人们会忽然感到脑袋昏昏沉沉。很多司机都在这条路上出过车祸。

更奇怪的是，苹果树、枣树这样的植物在这里无法存活，但是枫树、柳树却在这里枝繁叶茂；猫、蛇、猫头鹰、蚂蚁在这里生活得很好，但是鹳从不在这里筑巢，狗、牛也不敢在此逗留。

奇怪的现象吸引了科学家来这里进行考察和研究。他们认为，造成这种现象的原因是地下水脉的辐射。但是，世界上那么多的地下水脉，为什么偏偏这个地方是这种情况呢？这里的地下水和别处到底有什么不一样呢？由于无法解释这些现象，这里至今仍旧是个谜。

怪石之谜

GUAI SHI ZHI MI

地球的表面分布着无数石头，它们大多很普通，不过有些却神秘难测。

会变色的澳大利亚艾尔斯巨石

　　这块变色的巨石位于澳大利亚中北部，高约330米，长约3600米，周长约9千米，东高宽而西低狭，是世界上最大的整体岩石。因为它太过巨大，所以被称为"地球的肚脐"，同时也是"世界七大奇景"之一。据地质学家勘测，这块变色巨石距今已有将近6亿年历史，它的色泽会随着一天中阳光的变化而从

不同颜色的艾尔斯巨石

18

橙色变为琥珀色,再变为深红色,日落时分因为夕照而呈现火焰般的橙红色。至于巨石为什么会变色,却一直是一个谜。

来历不明的南美洲石球

在南美洲哥斯达黎加的一些森林沼泽地带,分散着许多圆球形的石头。它们虽然大小不一,但表面各点的曲率几乎是完全相同的,是非常理想的圆球。这些神秘的石球到底是从哪里来的呢?科学家们提出了种种看法。美国的直克罗夫斯基等人给出这样一个有趣的解释:这些大小不同的圆球可能代表天上不同的星球,彼此相隔的距离表示星球间的相对位置;这也可能是宇宙来客送给地球的纪念品。不过这种解释很难令人信服。

非洲杀人石之谜

1967年,非洲西部马里共和国境内的耶名山附近发生了强烈的地震。地震之后,当地人发现耶名山中经常出现莫名其妙的光晕。很多人都猜测那里是不是有很多财宝。为了一探虚实,马里政府派出了一支8人的探险队。

探险队按照地图的指示,到达目的地时却发现,那片山野上躺着许多已经开始腐烂的尸体。随后,探险队开始四处搜索,不久之后,他们就从一个地缝中挖出一块闪烁着光芒的半透明椭圆形巨石。在队员们把巨石抬出来之后,奇怪的事情发生了,与巨石直接接触的队员纷纷惨叫着栽倒在地上,只有队长一人因为没有接触巨石而幸免于难。后来,科学家们想解开"巨石杀人"之谜,但那块使许多人丧命的"杀人石",却从陡坡上滚了下去,掉进无底深渊,所以"杀人石"之谜也就无从破解了。

四大奇洞

SI DA QI DONG

世界上有许多奇怪的洞穴，在这些洞穴中也发生过很多怪异的故事，虽然有些奇怪现象已经找到原因，但依然有很多谜团等待被破解。

抢新娘的洞

在埃及阿列基沙特亚市的一条古老的大街上曾经出现过一个匪夷所思的事件。1976年1月13日，英国的一对新婚夫妇来此蜜月旅行，当他们在这条大街上悠闲地散步时，妻子突然被吸进路旁的一个小洞里，一下子踪影全无。惊恐万分的丈夫马上报警。警察迅速赶来现场，只见那个小洞仅有0.16米深，无论如何也不可能隐藏一个大活人。于是，这成了一个难以解开的谜团。

能吸人的死亡洞

要说世界上最为奇怪、恐怖的洞，当属印度尼西亚爪哇的死亡洞。死亡洞位于爪哇岛的一处山谷中，有6个大山洞，洞呈喇叭状，都是大陷阱。不用说"误入"洞者性命不保，就是距离较近者也难幸免。当人或者动物从洞口经过时，会被一种强大的吸引力"拖入"洞中而"吃"掉。就是离洞口还有6~7米距离，也会被魔口"吸"进去，一口"吞"下。由于接近洞口非常危险，所以科学家们至今无法找到怪洞吸人的原因。

出现幻觉的鬼洞

在俄罗斯的西伯利亚，有一个十分神秘的山洞。它的外表并不独特，和周围几百个洞穴大同小异，可人们一踏入里面，就会莫名地产生恐惧的心理，而且据说进入洞穴里面能看到死去巫师的鬼魂。有人说见鬼现象只是幻觉，山洞里可能存在某种化学物质在与空气混合后，给身处黑暗中的人造成了各种压力，进而使人产生幻觉。不过直到现在也没有人能够说明为什么进洞的人会出现同样的幻觉。

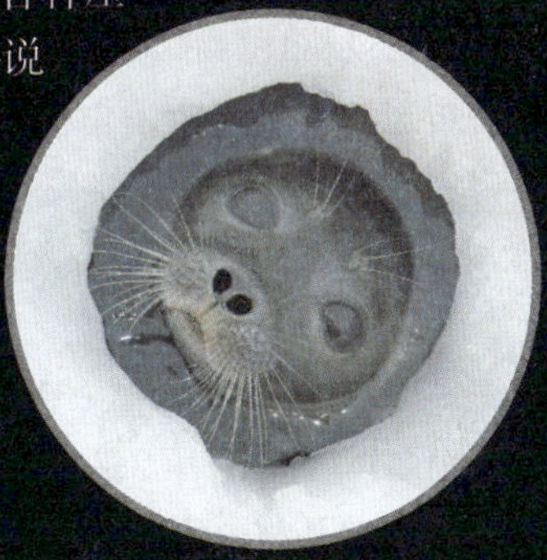

万年不化的冰洞

在中国山西省宁武县涔山乡麻地沟村东，有一个远近闻名的怪洞。它的奇特在于以本地洞外的气候根本构不成结冰的环境，而洞内一年四季冰柱不化，愈往深处冰愈厚。它是全国迄今发现的最大的冰洞，也是世界上迄今永久冻土层以外发现的罕见的大冰洞。专家们称，该冰洞位列全国1万多个洞穴中仅有的9个冰洞之首。至于为何会出现这样的情况，科学家们还在探索中。

冰洞口的海豹

21

救死扶伤的圣泉

JIUSI-FUSHANG DE SHENG QUAN

说起泉水，你一定会联想到那些清澈甘甜、从地底喷涌出来的地下水，但你可知道世界上有一个地方的泉水不仅能解渴，甚至还能治病救人吗？

泉水竟然能治病

法国比利牛斯山脉中有个叫作劳狄斯的小镇，小镇附近有个岩洞，洞内有一眼常年流淌的清泉，它具有神奇的治病功能。这个被称为"圣泉"的泉水得名于1858年。传说有一个名叫玛莉·伯纳·索毕拉斯的女孩在岩洞内玩耍，忽然，圣母在她面前显圣，告诉她洞后有一眼清泉，指引她前往那里洗手洗脸，并且告诉她这泉水能治百病，说完就不见了，女孩按照圣母的指引果然找到了这眼泉水。经过证实，这眼泉水竟然真的能治病。

为何能治病？

100多年过去了，神奇的泉水经年不息。前来圣泉求医的人也络绎不绝。据统计，每年约有430万人去劳狄斯，其中不少人都是身患疾病，甚至是病入膏肓，或者已被现代医学宣判"死刑"的人。他们不远千里来到这儿，仅在圣泉水池内浸泡一下，病情便能减轻，有的竟不药而愈！对于圣泉治病的原因众说纷纭，但一直没有人能够解释得清楚。

钟情谋杀的"吃人"湖泊

ZHONGQING MOUSHA DE "CHI REN" HUPO

1984年的一天早晨，在西非国家喀麦隆，阿哈吉·阿布杜骑车路过莫罗温湖湖边时，被什么东西绊倒了。阿布杜很生气，爬起来拍拍身上的灰尘，嘴里咒骂着倒霉的运气，忽然，他被眼前的一幕吓呆了。

离奇的杀人现场

阿布杜骂咧咧地站起来，然后去扶自己的自行车，忽然他发现车下躺着一个人，不远处还停着一辆小货车，货车四周也横七竖八地躺着好几个人。阿布杜吓得心脏怦怦直跳，但还是壮着胆子走过去，推推压在自己车下的那个人。阿布杜叫了两声，可是那人没有反应，他摸了摸那个人的额头。"天哪！"阿布杜一下跳了起来，顾不上自己的腿疼，就跌跌撞撞地向村里跑去，"不好了，出人命了！"

一会儿，村里的居民和警察都赶到现场。据现场观察，这些躺在地上的人，面色平静，没有任何撞伤、摔伤或者挣扎的痕迹，这到底是怎么回事儿？顿时，莫罗温湖湖边被一层恐怖的气氛所笼罩。

是瘟疫惹的祸？

通过对现场的侦察，警察和法医初步猜测这是一场瘟疫，但是为了保险起见，他们找到了一些旁观者来寻求佐证。其中一个村民说："我当时正在割草，从莫罗温湖处跑来两个人，他们说他们一共12个人，坐着一辆小型货车路过莫罗温湖湖边时，发动机不转了。司机第一个下车，想看看是怎么回事儿，结果他立即倒地。其余的人也跟着下了车，想知道究竟出了什么事，但也都一一倒地而死，只有他们两个幸运地活了下来。"

法医听了这个人的描述又觉得不像是瘟疫，因为瘟疫不可能在这么短的时间内传播。这到底是怎么回事儿呢？

🔆 难道是生化武器？

排除了瘟疫的可能，那又是什么原因造成的呢？忽然法医想起刚到湖边的时候闻到的一股非常难闻像是臭鸡蛋或者火药的味道。难道是某人或某组织在秘密试验一种新的生化武器？这一想法一经提出立刻引起了人们的恐慌。为此，美国政府派出专门人士调查此事。经过调查研究，专门人士确定这些人是死于窒息，这就排除了是生化武器的可能性。这个结果让这场离奇死亡事件又蒙上了一层迷雾。

🔆 气味是悲剧的元凶？

根据死者全部死在莫罗温湖湖边的路上这一特点，法医认为问题一定是出在莫罗温湖里，于是他乘船到湖中提取水样。当取样瓶快被提出湖面时，法医发现瓶中出现了大量的气泡，他立即意识到深层湖水中肯定充满了气体。经过研究，这些气体正是二氧化碳。人吸入少量的二氧化碳是无害的，但是过多的二氧化碳却可以让人窒息。但是这么多的二氧化碳是怎么被逼出湖面的呢？这些二氧化碳又来自哪里呢？人们至今也没有找到确切的答案。

Part 2

第二章

宇宙探奇

宇宙诞生之谜

YUZHOU DANSHENG ZHI MI

宇宙是怎么产生的？它真的是盘古用斧头劈出来的吗？除了古代的神话传说，科学家们提出了不少看法。目前多数人认为宇宙是"炸"出来的。

疑惑：宇宙是怎么来的？

关于宇宙的诞生，一直存在着两种截然不同的观点：一种观点认为，宇宙没有所谓的起源，它没有所谓的诞生，它就是存在，它也将一直存在着；另一种观点认为，宇宙并不是"永生不死"的，它是在某一时刻诞生的，在未来的某一时刻，它也会"死亡"。

目前，人们普遍认同第二种观点。

震惊：宇宙是"炸"出来的

美国科学家伽莫夫于1948年提出了"大爆炸宇宙论"。他认为，大约在150亿年以前，宇宙只是一个极其微小的点，不久变成了一个温度极高的火球。后来不知是什么原因，火球发生了大爆炸，组成火球的物质飞散到四面八方，高温物质冷却，密度降低，产生了质子和中子、原子核等基本物质。后来又经过不断膨胀、演变，才变成今天这个样子。

你知道吗

NI ZHIDAO MA

根据宇宙大爆炸的理论计算：如果宇宙扩张的速度比较慢，宇宙大概有150亿岁了；如果宇宙扩张的速度比较快，那么，它的年龄为100亿~130亿岁。

根据上述理论，也有人将宇宙的年龄定格在137亿岁左右。还有些人以恒星的演变为依据，推算出宇宙的年龄为200亿岁左右。

黑洞

宇宙会死吗

YUZHOU HUI SI MA

宇宙大爆炸示意图

人类有幼年、青年、老年之分，宇宙也有吗？宇宙度过晚年后，也会死吗？

🔮 宇宙的未来是什么样的？

对于宇宙的未来，科学界比较认可两种推测，即开放型宇宙和封闭型宇宙，但不确定哪种推测可能性更大一些。

开放型宇宙推测认为，宇宙会不停地膨胀下去，当达到极限时，会发生大爆炸，就像焰火一样，在闪耀出最后的光芒之后消失不见，整个星际将变得黑暗、寒冷、寂寞。封闭型宇宙推测认为，当宇宙膨胀到极限后就会收缩，然后宇宙中所有的物质都将被黑洞吸收，而这些黑洞也不会永远存在，当黑洞"死亡"之后，星际也将变成黑茫茫一片，时间、空间都会消失不见。

🔮 宇宙会死吗？

虽然对于宇宙老年的描述，科学界莫衷一是，但相同的是，绝大多数科学家都认同，像地球上的万物一样，宇宙也会"死"去，而且消失后的情景都是黑暗而寒冷的。

当然，这也只是科学家的推测，而非定论。随着科学的不断发展，人们也许会发现：这个宇宙死后会诞生一个新宇宙，或者宇宙其实是永恒存在的。

人类自诞生之初起，就一直没有停止探索宇宙的脚步。

27

穿越之谜
CHUANYUE ZHI MI

电影中的星门

如果你看过《哆啦A梦》，一定会对哆啦A梦的时空穿梭机印象深刻吧？有了时空穿梭机，就可以遨游在时间之河中，无论是过去还是未来都能够到达。但你知道吗？在现实世界中，有人不用时空穿梭机也能够穿越时空呢！

失踪24年再现的渔民

1990年8月，在委内瑞拉加拉加斯市，一艘失踪于1966年的帆船"尤西斯"号在一处偏僻海滩搁浅再现。帆船上3名船员由土著居民救起之后，被送到加拉加斯市寻求援助。

为这3个人检查身体的医生说：这3个人一点也没有衰老，对他们而言好像时间已完全停止了。科学家推测：当时帆船可能进入了时间隧道中，时间变慢。至于帆船是如何进入时间隧道的，是否有不明飞行物在现场作怪，目前尚不可下结论。

时空隧道真的存在吗？

美国物理学家斯内法克教授认为，在空间中存在着许多一般人用眼睛看不到却客观存在的"时空隧道"，历史上某些神秘失踪的人、船、飞机等，实际上是进入了这个神秘的"时空隧道"。

关于时空隧道的假说

最近，美国著名科学家约翰·布凯里教授经过研究分析，对"时空隧道"提出了3点理论假说：

1. "时空隧道"是客观存在的，是物质性的。它看不见，摸不着，对于我们人类生活的物质世界，它既关闭，又不绝对关闭——偶尔开放。

2. "时空隧道"和人类世界不是一个时间体系，因而进入其中便是进入另一套时间体系里，有可能回到遥远的过去，或进入未来。因为在"时空隧道"里，时间具有方向性和可逆性，它可以正转，也可以倒转，还可以相对静止。

3. 地球上的物质，进入"时空隧道"，意味着神秘失踪；而从"时空隧道"中出来，又意味着神秘再现。由于"时空隧道"里时光可以相对静止，故而物质失踪几十年就像消失一天或半天一样。

你知道吗
NI ZHIDAO MA

如果一个人穿越到过去，在他外祖母怀他母亲之前杀死自己的外祖母，那么他的母亲就不会存在，进而他也不会存在。如果他不存在，又怎么能穿越到过去杀死自己的外祖母呢？这就是有名的"外祖母悖论"，很多人通过它来说明穿越之论是荒谬之谈。

宇航员

宇宙有尽头吗

YUZHOU YOU JINTOU MA

每当人们翘首仰望茫茫太空遐想之时，总是有人会提出这样的疑问：宇宙究竟有多大？它究竟有没有尽头呢？

宇宙有多大？

人类总是对未知的领域充满了好奇。古时候，当人类还不能远洋航行的时候，他们认为世界是平的，一旦把船开到世界的尽头，船就会掉进一个巨大的瀑布之中，而这个瀑布就是宇宙的尽头。随着科技的发展，人们发现地球不但是圆的，而且只是众多围绕太阳运转的行星之一，而太阳也不过是银河系中数以千亿计的星球之一而已。同样，在浩瀚的宇宙中，银河系又是无数星系中的一个，这样看来，宇宙是无比巨大的，但宇宙究竟有多大呢？

美国的天文学家们根据宇宙大爆炸后残留的宇宙背景微波辐射中的波纹，揭示了宇宙的大小这一令无数人关心的问题，他们认为宇宙两头至少相距930亿光年。

这是一个相当遥远的距离，我们知道光的速度是每秒钟约30万千米，而从宇宙这一边到另一边，即便是光也要跑至少930亿年。

不过这个结论却并没有得到广泛的认可，直到现在，天文

哈勃太空望远镜

学界对宇宙尺寸的估算还在"你看到有多大就是多大"到"无限"之间。

宇宙是什么样的？

很多人认为宇宙的形状是球形的,但实际上宇宙的形状可能多种多样。有人认为,宇宙是气球形的,它像气球一样不断膨胀,其中有些星云随之离我们远去,但到一定的时候,气球又会缩小,星云也会随之接近我们。还有人提出,宇宙是马鞍形的,它不断地朝着鞍的四个边缘方向扩展。

地球自转图示

宇宙的尽头在光也无法到达的地方

1929年,美国的哈佛尔发现:所有星云正离我们远去。比如离我们约2.5亿光年的星座星云以每秒6700千米的速度离我们而去,5.7亿光年外的狮子座星云的离开速度是每秒19 500千米,12.4亿光年外的牵牛座星云的离开速度是每秒39 400千米。

照这样推算,星云到达距地球100亿光年处时,其运行速度将达每秒30万千米,这和光的速度相同。这样,所有星云的光就永远照射不到我们地球上来了。因此,距地球100亿光年的地方将是我们所能见到的宇宙的尽头。再远处还有星云,但是由于光无法到达,我们也就无法观测了。

宇宙可能呈马鞍状

星球

布莱克黑洞

黑洞中有光束

斯蒂芬·霍金

你知道吗

NI ZHIDAO MA

白洞，又称白道，是与黑洞相对立的天体。黑洞会吞掉靠近它的物质，而白洞恰恰相反。白洞也有一个封闭的边界，却只"吐"不"吃"，也就是说，它只会向外界喷射物质。不过，白洞只是科学家预想存在的天体，人们至今还没有找到它存在的有力证据。

恐怖的黑洞

KONGBU DE HEIDONG

我们知道，黑洞是宇宙中最为神秘的天体，它具有极强大的引力场，以至于任何东西，甚至连光都不能从它那里逃过。

披着"隐身衣"的黑洞

与别的天体相比，黑洞因为具有隐形能力而显得与众不同。为什么它会隐身呢？因为它有一件隐身衣，而这件隐身衣的名称就叫作弯曲的空间。我们都知道，光是沿直线传播的，这是一个最基本的常识。可是根据广义相对论，空间会在引力场作用下弯曲，这时候，光虽然仍然沿任意两点间的最短距离传播，但走的已经不是直线，而是曲线。形象地讲，好像光本来是要走直线的，只不过强大的引力把它拉得偏离了原来的方向。这样，即使是被黑洞挡着的恒星发出的光，虽然有一部分会落入黑洞中消失，可另一部分光线会通过弯曲的空间绕过黑洞而到达地球。所以，我们可以毫不费力地观察到黑洞背面的星空，就像黑洞不存在一样，这就是黑洞的隐身衣。

黑洞是如何修炼成的？

当一颗恒星衰老时，它的热核反应已经耗尽了中心的燃料（氢），由中心产生的能量已经不多了。这样，它再也没有足够的力量来承担起外壳巨大的重量，所以在外壳的重压之下，核心开始坍缩，直到最后形成体积小、密度大的星体。不过，这还不算完，在第一次平衡之后的若干年中，还有第二次坍缩，这次坍缩将会使整个星球的物质极度缩小，甚至趋近于零。而当它的半径一旦收缩到一定程度，正像我们上面介绍的那样，巨大的引力就使得任何物质——即使是光，也无法向外射出，从而切断了恒星与外界的一切联系——"黑洞"诞生了。

宇宙中的冷酷吞噬者

黑洞吞噬周围物质的方式有两种，一种是拉面式，当一颗恒星靠近黑洞，就很快被黑洞的引力拉长成面条状的物质流，被迅速吸入黑洞中，同时产生巨大的能量（其中包括X射线）；另一种是磨粉式，当一颗恒星被黑洞抓住之后，就会被其强大的潮汐力撕得粉身碎骨，然后被吸入一个环绕黑洞的抛物形结构的盘状体中，在不断旋转中，由黑洞慢慢"享用"，并产生稳定的能量辐射。

它是外星人的"能量驿站"吗？

随着对宇宙黑洞的探究，科学家推测宇宙黑洞很有可能是外星人的"能量驿站"。

因为外星超级文明高度发达的社会需要大量的能量消耗以支持向外扩张，建造各种科幻式的轨道工程以

适应人口的迅速增长。而且，外星人已拥有可以操控超大能量的能力，他们可以毫不费力地将黑洞强大的引力开发成"引力发动机"，极为方便地将物质转化为能量。

科学家们认为，先进的外星文明很可能集中资源在星系核心区域建造环形"能量站"，可围绕着中央大黑洞旋转，并处于太阳系面积大小的吸积盘之外，这样吸积盘上的能量辐射便可以被收集到"能量站"中。每个"能量站"使用了直径超过100英里的巨型天线，并通过微波束传送。

在高级智慧生物看来，用"人工方式"对黑洞吸积盘辐射进行"抽取"并不是一件难事。超级外星文明则可能集中建立"能量站"环绕着黑洞，形成黑洞辐射能量链。以黑洞为能量中心形成的能源网络可以连接到很多外星世界，这就像科幻电影《创战纪》中的情景一样。不过，外星智慧文明更可能扩大在宇宙空间中的"殖民地"，并形成某种星际联邦，共同维持文明的发展。

然而，我们还不太可能探测到这些巨型星际工程存在的证据。

太阳系起源之谜

TAIYANG XI QIYUAN ZHI MI

太阳系属于银河系，与我们的生活息息相关。那么，太阳系是怎么形成的呢？关于这个问题，科学家提出了很多假说。

最获认可的"星云说"

"星云说"是由德国哲学家、天文学家康德于1755年提出的。这种说法认为，太阳系是在密度较大的星云中形成的。这块星云绕银河系中心旋转，当通过旋臂时受到压缩，它在自身引力的作用下收缩，使中央部分增温，形成了原始太阳。当原始太阳中心温度达到一定程度时，引发热核反应，太阳便诞生了。星云体积的缩小使其自转加快，离心力增大，这样便在赤道面附近形成了星云盘。星云盘上的物质后来演化为行星和其他小天体。由此，太阳系基本形成。

最不靠谱的"灾变说"

第一个"灾变说"是法国人G.L.布丰在1749年提出的。他认为一颗大彗星碰到太阳，使太阳自转起来，而碰出的太阳物质在绕转过程中形成了行星和卫星。"灾变说"否定上帝创世，一度影响很大，但它在科学上有明显的错误。例如，彗星的质量比地球要小好几个数量级，即使碰到太阳也不会碰出多少物质；另外，太阳也不是固态的，等等。

太阳

🔺 最不可能的"俘获说"

1944年，苏联天文学家施密特提出了"俘获说"。他认为，几十亿年前，太阳在绕银河系转动时，进入一个直径为10光年、与太阳相对速度为每秒5千米的星际云，太阳在云中运行了60万年，俘获了约为太阳质量3%的星际物质。这些物质慢慢形成一个扁平的、由尘粒组成的星云盘，行星和卫星就是在这个盘内形成的。提出"俘获说"的目的之一是为了说明太阳系角动量分布异常的问题，但计算表明，这种俘获的概率极其微小。

🔺 最讨巧的"共同说"

"共同说"认为整个太阳系所有天体都是由同一个原始星云形成的，星云中心部分的物质形成太阳，外围部分的物质形成行星等天体。总的看来，"共同说"赞同星云集聚形成行星，和康德的"星云说"很相像，一般也被归为"星云说"。

木星

土星

天王星

海王星

星云

太阳能量来自何处

TAIYANG NENGLIANG LAIZI HECHU

太阳大约有50亿岁，地球上的能量绝大多数都直接或间接来源于这个神奇的大火球。这个超级大火球表面温度很高，为5000多摄氏度，而中心温度更是高达1.57×10^7摄氏度。这么高的温度以及强大的辐射到底是怎么来的呢？

"燃烧说"

这是最原始也是最朴素的猜测。这个观点认为，太阳像个煤炉一样在燃烧，靠类似煤炭的物质燃烧发出强光和辐射热量。经过科学家多年的研究，"燃烧说"是最可靠的。通过对太阳光谱的分析，科学家得知太阳中含有极为丰富的氢元素，它充当了类似于煤炭的角色。根据核聚变的原理，氢核在几百万摄氏度的高温下即可聚变成氦核，而太阳中心常年处于极高温和极高压的状态下，这种状态非常有利于核聚变的发生。在核聚变的过程中，四个氢核聚变成一个氦核，从而释放出巨大能量。

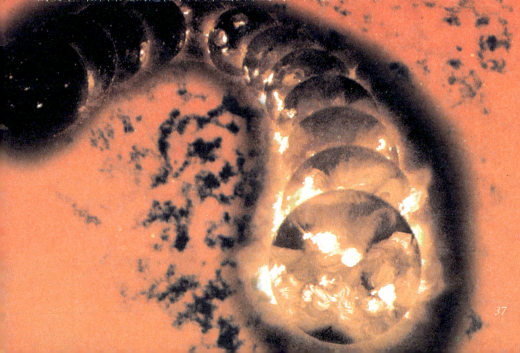

也许你会担心太阳中的氢元素终有一天会燃烧完，但科学家证实这种担心不过是杞人忧天，因为太阳中蕴藏着极为丰富的氢元素，足够支撑太阳继续燃烧100多亿年。也许到那个时候，人类早已经具备了遨游太空的能力。不等太阳熄灭，我们可能早就移民到更美好的星球上去生活了。

太阳

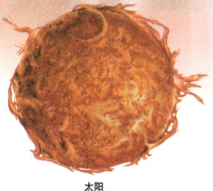

太阳

🔆 "流星说"

这个理论认为太阳周围有很多漂亮的流星不断撞击太阳，它们的动能转化为太阳的热能。如果是这样的话，那么太阳周围的流星要多到什么程度才能保证太阳的热能持续不变呢？另外，流星不断撞击太阳，势必改变太阳的质量，进而影响太阳系行星的运动，而事实上行星的运动状况没有发生显著的变化。

🔆 "收缩说"

美国一位学者根据格林尼治天文台自1836年以来的测量数据推算后认为，在近100年间，太阳直径缩短了1000千米，这引起了全世界科学家的兴趣。经过大量观察和研究，科学家们认为太阳每100年收缩0.1%有一定的可靠性。于是，有人提出，太阳之所以能够释放出巨大的能量，是因为它的巨大炽热团块在引力作用下不断收缩。但令人大吃一惊的是，照此计算，太阳只够用2500万年。这显然与地球的历史相矛盾。如果说太阳收缩是太阳释放能量的主要原因，那么，照这样计算，太阳只需14万年就会收缩一半，可这又是不符合事实的，也是不可能的。

> **你 知 道 吗**
> NI ZHIDAO MA
>
> 太阳能指的是太阳的辐射能量，是地球生命存在的基础。广义上，太阳能是地球上许多能量的来源，如风能、化学能、水的势能等。古时候，人们多用太阳能中的热能来晒东西、保存食物等，如晒盐、晒菜干等。太阳能资源丰富，又无污染，现在正在被人们通过各种方式加以利用，如发电。

火星上有生命吗

HUOXING SHANG YOU SHENGMING MA

火星

提到火星人，我们的脑海中就会立刻浮现出有着圆圆脑袋、大大眼睛、细小四肢的外星生命。事实上，这些经常出现在科幻电影中的形象并非是子虚乌有的。

为什么叫火星？

火星之所以会被称为火星，是因为其外观颜色如火。在它的表面，有一层三氧化铁，这种物质呈球形微粒状，均匀分布在火星表面，加上火星容易起大风暴，大风一起，尘土飞扬，自然反射出赤红的颜色，从地球上看，犹如大火一般，因此而得名"火星"。

火星上有生命吗？

火星的大气十分稀薄，只有地球上大气密度的1%，如果没有特殊的保护措施，人类是无法在这种环境里生存的。

到火星上去的"地球人"只能在室内或地下洞穴里生活，这是不是就意味着火星上不存在能适应火星条件的高级生命形态呢？理论上说，它们存在的机会是很小的，但不能完全否定。那么，简单的生命形态——像地衣一类的植物和细菌类的微生物，会不会存在呢？据推断，它们存在的机会要大得多。

🐾 火星上或曾有高级生命存在

美国的火星探测器证实，在火星的大气中，含有形成生命不可缺少的基本元素：碳、氢、氧、氮、水蒸气。据美国天文学家宣布，火星上有两个地区的水分和水蒸气含量要比火星上其他地方高10～15倍，地球上许多生物能够在这种条件下生存。有人根据火星上的大气构成、火星表面有弯曲的河床地形等，推测火星过去可能存在高级生命。

🐾 火星上的"运河"

1877年，天文学家斯基帕雷利宣布，他观测到了火星的"运河"。后来还有人画出了火星"运河"河床的详图，并且别出心裁地设想这些"运河"是"火星人"为了利用两极的冰雪而开凿的。此事一出，震惊了世界。1971年11月，"水手9号"探测器对火星全部表面进行高分辨率照相，发现火星上果真有宽阔的、弯弯曲曲的河床，但是这些河床与震惊于世的"运河"完全不是一回事。据科学家分析，这种河床只是天然河床，绝非"火星人"创造的"运河"。但是，这种说法至今没有获得公认，因此火星上的"运河"仍是一个谜。

卫星探测火星

水星剖面图

水星上的冰山

SHUIXING SHANG DE BINGSHAN

当第一次听到水星这个名字的时候，我们一定会觉得那是一颗充满了水的星球，但事实往往与我们的感觉相去甚远，水星虽然叫作水星，但它的上面没有水。

🔆 事实：水星上确实没有水

水星是太阳系中距离太阳最近的行星。尽管它名叫水星，但据科学家的推测，水星的地表温度最高可达427℃。在这种环境中，水星上是不可能有任何形态的水存在的。就算我们给水星送去水，液态水或气态水分子也会因为水星表面的高温而加快运动速度，要不了多久，就全部跑到宇宙空间去了。另外，据观测，水星上的大气非常稀薄，而水星质量又小，本身的吸引力不足以把大气保留住，大气会不断地向空中逃逸。水星现在可能靠着太阳不断抛射太阳风来补充稀薄的空气。从成分上看，水星大气与太阳风有相似的系统，太阳风的大部分成分就是氢、氮的原子核和电子。科学家们对水星光谱进行分析后得出结论：水星上有大气，但大气中没有水。

🔆 困扰：没水为什么叫水星？

水星上没有水，为什么叫它水星呢？在我国古时候，用五行的名称——金、木、水、火、土来为行星命名，把行星叫成金星、木星、水星、火星、土星等。水星只不过是给它起的名字，并不是因为上面水多才这样叫的。以此类推，火星上不一定有火，金星上也不一定藏满了金子。

奇怪：水星没水却有冰

　　水星上虽然没有液态水，但却存在着"冰"山。1991年8月，水星运行至离太阳最近点，美国天文学家通过巨型天文望远镜对水星进行了观测，随后看到了令人瞠目结舌的一幕：在水星的北极点处存在着大量的冰山！这些冰山直径为15～60千米，隐藏在太阳从未照射到的火山口内和山谷中的阴暗处，那里的温度极低，达到-160℃。据考证，它们在那里已经隐藏了30亿年了。

疑惑：冰山来自哪里？

　　有关水星冰山的形成，天文学家们是这样解释的：水星形成时，先凝固其内核，同时伴随有剧烈的抖动，水星表面形成山一样的褶皱，同时频繁地发生火山爆发，彗星和陨星又多次冲撞碰击，致使水星表面坑坑洼洼。至于冰是水星本来就有的，还是后来由彗星和陨星带来的，科学家们仍没有得出一致的结论。

水星

金星之谜

JINXING ZHI MI

金星

金星被称为"愤怒的女神"，远远看去，美丽无双，但仔细一看，环境十分恶劣。不过有人发现那里有生命的迹象。

不可靠近的边缘

金星的表面有一层厚厚的大气，它们遮挡了人们探索金星的视线。从1960年开始，苏联和美国发射了不少的探测器，可是仍然"不识金星真面目"，只是了解到金星的自然环境十分恶劣：表面温度可达485℃，空气中90％以上是二氧化碳，特大热风暴常常刮起。于是，一直以来，人们都认为生物在这样的环境中是无法生存的。

离奇的古城遗址

1989年1月，苏联的一艘太空船在穿越金星大气时，发现在金星的表面散布着大约两万座城市的遗址。所有的建筑看起来都破烂不堪，好像已经被废弃很长时间了。一位科学家介绍说，那些城市全散布在金星表面，它们以马车轮的形状建成，中间的轮轴就是大都会所在地。

金星地表

美国发射的探测器也发现了那些城市遗迹。从照片上还可以辨认出，每座城市好像是一座巨型金字塔，这些"金字塔"全都没有门窗。有的科学家认为，这种建筑物可以白天避高温，夜里避严寒，还可以防风暴。至于居住者的出入口，他们认为也许在地下！

这些古城遗迹是谁的"杰作"呢？至今无人知晓。

卫星探测金星

🔆 金星海洋之谜

美国航天局艾姆斯研究中心的科学家波拉克·詹姆斯认为，在很久以前，金星上确实有过海洋，可现在，这个海洋已经消失了。消失的原因有多种，可能是太阳光或岩浆将海水"消化"了，也可能是金星海洋的水本来是来自星球内部的，后来这些海水又循环回到金星地表以下。

🔆 反对声音

有的科学家对詹姆斯的这几种推测提出了不同的看法。他们认为詹姆斯的几种推测在地球上同样也会出现，那么为什么地球上的海洋却没有消失呢？

美国艾奥瓦大学的路易斯·弗兰克等人则认为，金星上从来没有过海洋。金星探测器所探测到金星大气层里的少量水分并不是从海洋中蒸发出来的，而是由几十亿年来不断进入大气层的微小彗星的彗核所造成的，因为彗核的主要成分是水和冰。

金星上究竟有没有过海洋呢？如果有，那么它又是如何消失的呢？关于这些问题人们至今还是无法做出解答。

巨大的陨石去哪里了

JUDA DE YUNSHI QU NALI LE

1891年，在美国亚利桑那州巴林杰地区发现了一个直径约1280米、深约180米的巨大的陨石坑，坑周围有一圈高出地面40多米的土层。人们迷惑不解，坑中的大陨石哪里去了？

石陨石

石铁陨石

铁陨石

🔵 恶魔之坑

人们称这个陨石坑为"恶魔之坑"。经学者们考证，这个陨石坑是距今2.7万年前，一个重达2.2万多吨的陨石以5.8万千米的时速坠落在地球时冲撞而成的。然而奇怪的是，这个庞然大物给人们留下了一个大坑和几块陨石铁片后便没了踪影。有人估计陨石就落在坑下几百米的地方，可是谁也没有去挖出它来加以证实。

🔵 月球来客

1982年，科学家在南极的阿伦丘陵发现了一块陨石。经过仔细研究，科学家发现它竟与宇航员从月球高地上采回来的岩石非常相似，因此，陨石被认为是从月球上飞来的小石头。时隔不久，又有3块陨石被科学家鉴定为月球来客。事实是否真的如此，还需要进一步确认。

亚利桑那州陨石坑

月球起源之谜

美丽的月球是地球忠诚的卫上，然而，月球是如何产生的呢？科学界至今莫衷一是。

🦅 分裂而来？

"分裂说"是关于月球起源的最早假设。该学说认为，月球本来是地球的一部分，后来由于地球转速太快，把地球上一部分物质抛了出去，这些物质脱离地球后形成了月球，而遗留在地球上的大坑，就是现在的太平洋。

这一观点很快就受到了一些人的反对。他们认为，以地球的自转速度是无法将那样大的一块东西抛出去的。再说，如果月球是被地球抛出去的，那么二者的物质成分就应该是一致的。可是通过对"阿波罗"12号飞船从月球上带回来的岩石样本进行化验分析，发现二者相差甚远。

🦅 与地球同源？

"同源说"认为，地球和月球都是太阳系中浮动的星云，经过旋转和吸积，它们同时形成星体。在吸积过程中，地球比月球相对要快一点，成为"哥哥"，这一假设也受到了客观存在的挑战。通过对"阿波罗"12号飞船从月球上带回来的岩石样本进行化验分析，人们发现月球要比地球古老得多。

🔍 碰撞而生？

"碰撞说"认为，在太阳系演化早期，星际空间曾形成过大量的"星子"，星子通过互相碰撞、吸积而合并形成一个原始地球。而后，一次偶然的机会，太阳系中一个小天体迅速撞向地球。剧烈的碰撞使小天体破裂，并以高速度携带大量粉碎了的尘埃飞离地球。飞离地球的气体和尘埃，并没有完全脱离地球的引力控制，通过相互吸积而结合起来，形成全部融合的月球，或者是先形成几个分离的小月球，再逐渐吸积形成一个部分融合的大月球。

在地球上看到的月球

🔍 其他观点

"俘获说"认为，月球本来只是太阳系中的一颗小行星，有一次，因为运行到地球附近，被地球的引力所俘获，从此再也没有离开过地球。

还有一种接近"俘获说"的观点，认为地球不断把进入自己轨道的物质吸积到一起，久而久之，吸积的东西越来越多，最终形成了月球。但也有人指出，像月球这样大的星球，地球恐怕没有那么大的力量能将它俘获。

月球表面

宇宙中有第二个地球吗

YUZHOU ZHONG YOU DI-ER GE DIQIU MA

在2003年，一个国际天文学家小组在太阳系外新观测到一颗与木星非常相似的行星，它围绕运转的恒星距地球不过区区90多光年。这使得科学家们有理由相信，在广袤的宇宙中存在着另外与太阳系惊人相似的其他星系，并且也极有可能存在着另外的"地球"。

寻找第二"地球"的"开普勒计划"

随着探测的深入，科学家们越来越坚信，在宇宙中的某一个地方存在着和我们人类的太阳系一样的第二太阳系，而在第二太阳系中，可能存在拥有生命的第二个"地球"。为了能够在宇宙中寻找到第二个"地球"，美国已经于2007年启动"开普勒计划"，向太空中发射一枚专门寻找第二个"地球"的太空望远镜。华盛顿卡耐基学会天文学家鲍罗·巴特勒说："也许只需20年，就可以发现第二个'地球'了。"

航天飞机

第二"地球"的候选者为数众多

幸运的是，距离"开普勒"太空望远镜发射升空仅仅4年之后，它就为我们带来了众多的第二"地球"候选者。美国国家航空航天局的官方

网站说，从2011年2月以来，科学家已通过"开普勒"太空望远镜项目发现了超过1000颗"新地球的候选者"，但这些"候选"行星中只有10颗行星与地球大小相似，并处在与其恒星距离适中的"宜居带"上。

"开普勒-22b"成为最优候选者

2011年12月，"开普勒"再传喜讯。科学家们在距地球约600光年的另一星系中发现了一颗宜居行星。这颗行星被命名为"开普勒-22b"，它围绕着一颗类似太阳的恒星旋转、表面气温适中，很可能存在液态水。

据称，"开普勒-22b"的半径是地球的2.4倍左右，它围绕旋转的恒星与太阳属于同一级别，只在温度上比太阳略低，尺寸也比太阳略小。与此同时，"开普勒-22b"行星的其他先天条件都非常良好：它距离恒星的相对位置属于科学家认为的"宜居带"的正中位置，与地球到太阳的距离相近，这保证它的地表温度不会过高或过低；它围绕恒星的公转周期是290天，运行轨道也类似地球。

虽然目前科学家还不知道行星"开普勒-22b"上的主要成分到底是岩石、气体还是液体，但它的发现确实让人类在寻找类似地球行星的道路上更近了一步。

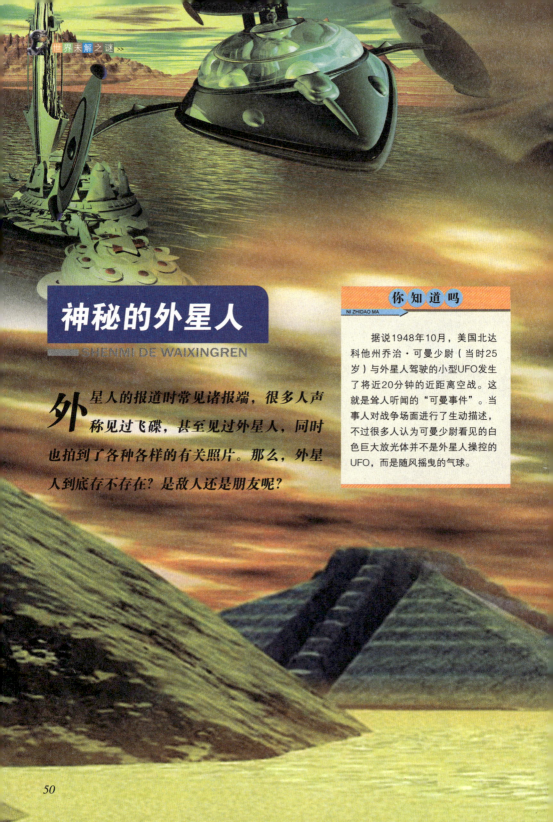

神秘的外星人

SHENMI DE WAIXINGREN

外星人的报道时常见诸报端，很多人声称见过飞碟，甚至见过外星人，同时也拍到了各种各样的有关照片。那么，外星人到底存不存在？是敌人还是朋友呢？

你知道吗
NI ZHIDAO MA

据说1948年10月，美国北达科他州乔治·可曼少尉（当时25岁）与外星人驾驶的小型UFO发生了将近20分钟的近距离空战。这就是耸人听闻的"可曼事件"。当事人对战争场面进行了生动描述，不过很多人认为可曼少尉看见的白色巨大放光体并不是外星人操控的UFO，而是随风摇曳的气球。

宇宙太大，外星人极可能存在

外星人是人类对地球以外智慧生物的统称。古今中外一直有关于"外星人"的假想，在各国史书中也有不少疑似"外星人"的奇异记载，但现今人类还无法确定是否有外星生命的存在。

据科学家观测，整个银河系大约有1000亿颗恒星，而整个宇宙大约有1000亿个银河系。我们假设出现生命体的概率是一百万亿分之一，那么依然会有1亿颗行星上会有生命体出现。基于这种推测，许多学者对地外生命的存在也持有积极肯定的乐观态度。

影视作品中的外星人形象

如果有外星人，他们长什么样？

据自称见过外星人的人们描述，他们所见到的外星人大多是一些个子矮小、脑袋圆大、嘴巴窄长如裂缝、身穿紧身衣的类人生物。

对于是否有外星人，以及外星人究竟长什么样的问题，俄罗斯天文学家安德烈·芬克尔斯坦教授认为："他们可能和人类相似，同样有两手两腿和一个脑袋。"他称："或许外星人的肤色不同，但人类也同样有肤色差异。"同样，英国著名物理学家和数学家斯蒂芬·霍金也认为外星生命必然存在，但却极有可能以微生物或初级生物的形式存在，当然，也可能是和人类体态相似的高级智慧生命。

被掩盖的飞碟坠毁事件

2011年4月初，美国联邦调查局（FBI）对外公开了一份备忘录，显示美国知名的"1947年飞碟坠毁事件"可能是真的。这份备忘录指出，外星人曾于1950年前降落在美国新墨西哥州的罗斯威尔市。备忘录指出，现场发现3架飞碟，里面各有3具尸体。报道称，这份备忘录可能再度引发关于政府掩饰真相的争论。

相关空军调查人员这样描述罗斯威尔的"3个UFO"：呈圆形，中间凸起，直径约15米，每个飞碟内有3个类似人形的尸体，但高度仅有90厘米，每"人"穿着质地精细的、贴身的金属衣。

外星人可能隐居地球？

1987年，到非洲扎伊尔考察的7名科学家无意中闯入一个与世隔绝的古老部落，发现部落里的人与普通人长得不大一样。相处了一段时间之后，他们惊奇地了解到这

些人对太阳系的知识极为了解。经过进一步接触，部落的人才透露出一个惊人的秘密。据说在170多年前，有一艘火星飞船为避难来到此地，与当地的土著人生活在了一起。

外星人未必友好

2010年4月26日，英国著名物理学家和数学家斯蒂芬·霍金在一部播出的纪录片中说，如果真有外星人存在，人类也不应主动寻找他们，甚至应该尽一切努力避免与他们接触，因为那些外星人很可能并不友好。

霍金说："我想他们其中有的已将本星球上的资源消耗殆尽，可能生活在巨大的太空船上，漂泊在宇宙中，依靠掠夺其他星球上的资源生存。他们一旦找到适宜生存的星球，就会向该星球上殖民，或者将星球上的资源洗劫一空后扬长而去。所以，人类主动寻求与他们接触有些太冒险。"

茫茫宇宙中，究竟有没有外星人呢？如果有，那他们是敌是友，目前我们还不得而知。

Part 3
第三章

生物魔法

恐龙灭绝之谜

KONGLONG MIEJUE ZHI MI

大约在距今6500万年前，统治地球1亿多年的恐龙在短时间内全部灭绝了，究竟是什么劫难能有如此大的威力呢？

史前的地球浩劫

在这场大劫难当中，同时灭绝的还有翼龙等会飞的爬行动物，有彩蜥等恐龙的近亲，有菊石、箭石等海洋无脊椎动物，海洋中的微型浮游动植物等也几乎被赶尽杀绝。经过那场大劫难，几乎当时75%的生物物种从地球上永远消失了。

传统观点：陨石碰撞说

到底是一场什么样的灾难能够让这么多的生物种群在顷刻间全部灭绝呢？一直以来众说纷纭，没有定论，其中常见的解释有陨石碰撞说、造山运动说、气候变动说、海洋退潮

说等。在众多观点中，陨石碰撞说被广泛接受。据推测，距今6500万年前，一颗巨大的陨石曾撞击地球，使得生活在地球长达1亿数千万年的恐龙绝种。

此理论是由加州大学伯克莱分校的路易·阿巴列斯博士等4位科学家提出的。据他们推测，那颗巨大的陨石直径大约10000米，因撞击而造成的火山口地形，直径达200000米，产生的能量，相当于100万亿吨炸药所蕴含的能量。粉尘经由大气层扩散至成层圈，数月之内地球都是一片黑暗世界，在这期间，以恐龙为首的众多生物都因之而灭绝了。

陨石撞击地球

其他观点：气候变动说

气候变动说也得到了很多人的支持。有人认为，当时气候极度变化，温度骤降，阳光稀少，大批植物死亡，植食性恐龙等多数大型食草动物因饥饿纷纷倒下，以大型食草动物为食的食肉恐龙也随之灭绝。

最新观点：植物杀死了恐龙

中国科学家根据对部分恐龙化石的化学分析，发现了植物杀害恐龙这种史前动物的证据。

主持这项工作的成都理工学院博物馆馆长李奎说："这些恐龙化石中砷、铬等元素的含量明显偏高，有可能是恐龙生前食用过多含高砷、铬元素的植物，生命代谢使砷、铬沉淀在骨骼中的结果。"对恐龙化石埋藏地的植物化石研究表明，植物化石中含砷量也非常高。砷即砒霜，过量摄入会导致生物死亡。初步推测，这些恐龙食用了含砷植物，引起慢性中毒，并逐渐死去。事实是否如此，还需要进一步证明。

动物复仇之谜

DONGWU FUCHOU ZHI MI

鹰

人类往往对自己的仇人有着强烈的复仇心理。但你知道吗？这种复仇心理也出现在很多动物身上。

会跟踪的猫头鹰

在众多的鸟类中，具有报复行为的多是具有较强攻击能力的猛禽类，如鹰、隼等。

1988年春，一对猫头鹰在湖北省丹江市一农家的墙洞内做巢育雏。不料，在小猫头鹰刚刚孵化之后，这家的8岁小男孩利用猫头鹰外出觅食的空隙，纠集邻居的几个小伙伴，对嗷嗷待哺的雏鸟采取了掏窝行动，4只雏鸟被摔死了3只，剩下的1只被他们带回家喂养。猫头鹰妈妈发现儿女被盗，四处找寻，终于发现了雏鸟的行踪。于是，两只猫头鹰栖息在这家门外的大树上，整日守候，欲伺机报复。就在小猫头鹰被盗后的第七天清晨，这家主人刚出家门，只听"嗖"的一声，守候已久的猫头鹰展翅疾速而下，迎面袭来，主人躲闪不及，被其尖锐的喙啄伤了右眼。

蛇

不达目的不罢休的蛇

在民间，很多人认为蛇的报复心很强，不能随意捕杀。2009年夏天，吉林某山区的一群放牛娃捕捉到一条婴儿手臂粗的雄性蛇，准备食用，但他们担心会有一条和此蛇大小相当的雌性蛇来报复，于是先将雄性蛇藏了起来。大约一个星期后，他们果然发现了一条同样大小的雌性蛇，而这条蛇竟是在距离捕蛇地两千米之外的放牛娃家篱笆旁出现的。放牛娃很害怕，便将两条蛇都放回了大自然。

据说在国外，曾经有一家人将一条出现在地窖

隼

56

中的蛇杀死，没想到第二天晚上，该人的家里就出现了成群的蛇，这家人也全都遭到了蛇群的袭击。

记仇的大象

在动物园里，大象是非常受欢迎的动物，因为它有着区别于其他动物的突出体态：粗壮的身躯，蒲扇状的耳朵，长长的鼻子，还有一双和庞大身躯极不相称的小眼睛。谁能料到，这种外拙内秀、极其聪慧的大型动物，却具有很强的报复心理，只要受到人类不公正的待遇，它便会伺机报复。一位饲养员因心情不好，干活时觉得大象有点碍事，便抽打它，让它挪开。仅仅受了一次委屈，大象便记了仇，第二天当这位饲养员经过它面前时，大象进行了报复——用鼻子抽打饲养员的脚后跟，饲养员大叫一声，坐倒在地，从此那位饲养员的脚落下了残疾。

雪猫头鹰

另一位饲养员比较偏心，经常把香蕉、苹果等可口的水果单独给一头大象吃，另一头雄性大象馋得垂涎欲滴也不曾享受过一口美味佳肴，于是它生气了。一天，当这位饲养员给大象添加饮用水时，记仇的雄性大象用鼻子吸足水喷了饲养员一身。饲养员气急败坏，狠狠抽打了它两鞭子，这下可惹下了大祸：大象照准饲养员就是一鼻子，把他狠狠甩到了粗大的铁栏杆上。可怜的饲养员当即躺在血泊中，再也没能爬起来。

群蛙自相残杀之谜

QUN WA ZIXIANG-CANSHA ZHI MI

青蛙在大家眼中是机灵乖巧的小动物，然而它们也有大开杀戒的时候，而且对手都是同类。

血腥之战

1977年的广州，春夏都很干旱，人们好不容易才在9月初的一天盼来了一场大雨，大家都欣喜若狂。等到雨后天晴，人们却惊奇地看到了一场骇人的青蛙自相残杀之战。在近郊公路旁的一个水坑里，聚集着许多青蛙，蛙声像擂鼓。有的青蛙在水面相互追赶，有的抱成一团互相残杀，到处是断肢残腿，鲜血淋漓。

无独有偶

1979年10月下旬，在贵州省某地的一块水田里，人们又发现有成千上万只青蛙互相残杀。水田里蛙声一片，震耳欲聋，只见血流满田，残肢遍地。

青蛙究竟为何有如此怪异的举动呢？人们百思不得其解。一些动物学家猜测，可能是蛙类为了争夺交配权而自相残杀，但有人持反对意见，认为这种残杀可能是某种气候变化的先兆。

你知道吗
NI ZHIDAO MA

青蛙是捕虫能手，无论是能飞的螟蛾、善跳的蝗虫、躲在叶卷里的稻苞虫，还是隐藏在地下洞穴里的蝼蛄，都是青蛙的美味。据统计，一只青蛙每天能吃60多只害虫。这样算来，从春季到秋季的六七个月中一只青蛙可以消灭1万多只害虫。

珊瑚蛇

毒蛇朝圣之谜

DU SHE CHAO SHENG ZHI MI

冷血、有剧毒、行动诡异是我们对毒蛇的印象。那么你能想象成千上万条毒蛇盘踞一处的景象吗? 在希腊就有这种令人毛骨悚然的景象——毒蛇"朝圣"。

朝圣的毒蛇

在希腊的西法罗尼岛上, 每年到了纪念上帝和圣母的日子, 就会有一种神秘的景象出现: 成千上万条毒蛇像是有谁指挥一样, 纷纷盘结在教堂的神像下面。然而, 这种可使人毙命的毒蛇却丝毫没有攻击人类的举动。更令人奇怪的是, 每条蛇的头上都有一个类似于十字架形状的标记。

真的是为了报恩吗?

传说, 在很久以前, 有24位修女被强盗关押在这里, 圣母为了搭救她们, 就将她们变成了一条条毒蛇。强盗看到之后吓得落荒而逃, 修女们因此得救, 却永远变成了毒蛇。那么, 这种奇异的景象是否就是修女们来报答圣母对她们的搭救之恩呢? 还有人猜测这是由于某种自然因素所引起的, 但是种种猜测都很难科学地解释这一现象。

你知道吗
NI ZHIDAO MA

蟒、蚺属于不同蛇科——卵生的蟒亚科和卵胎生的蚺亚科, 二者都既具有巨型蛇类的特征, 也具有一些中型蛇类和小型蛇类的特征。千万别因为蚺、蟒的块头很大就认为它们笨拙, 尽管它们身躯庞大又沉重, 但是它们爬行的速度并不慢, 而且还是游泳高手呢!

鹦鹉能听懂人话吗

YINGWU NENG TINGDONG REN HUA MA

我们都知道鹦鹉会学话，有的时候还能模仿得相当逼真，但是它们真的能听懂人话吗？

🦜 鹦鹉为什么会学人话？

鹦鹉为什么具有学说人话的本领呢？这是因为它有着独特的鸣管和舌头。和一般的鸟类不同，鹦鹉的鸣管非常发达和完善。另外，它的舌根也非常发达，舌头富有肉质，肥厚柔软，特别圆滑，且前端细长呈月形，犹如人舌，转动也很灵活。这些优越的生理条件，使得鹦鹉能惟妙惟肖地模仿人语，发出一些简单、准确、清晰的音节。

🦜 鹦鹉能听懂人话吗？

大多数科学家都认为，不管鹦鹉多么能言善辩，都只不过是一种条件反射，是机械模仿而已。这种仿效行为，在动物学上叫效鸣。由于鸟类鸣叫的中枢位于比较低级的纹状体组织中，没有发达的大脑皮层，因而它们没有思想和意识，不可能懂得人类语言的含义，也不可能处处十分正确地运用这些语言。不过，也有些科学家认为某些种类的鹦鹉可以理解人类的简单言语。

🦜 鹦鹉具有相对发达的大脑

在所有鸟类中，鹦鹉的大脑可以说是最聪明的了。科学家认为，脑半球占脑重量的比重越高，该物种就会越聪明。大多数鸟类的脑半球只占脑重量的很少一部分，但鹦鹉的脑半球却占脑重量的90%以上。所以，鹦鹉具有比其他鸟类相对发达的大脑，这也是它能够"说话"甚至"听话"的关键。

具有自学能力的鹦鹉

据说，曾经有一位心理学家养了一只灰色的非洲鹦鹉，并对它进行训练。经过一年的训练之后，鹦鹉能正确说出23种事物、5种颜色和几种形状的名称。后来，这只鹦鹉竟有了自学能力。有一次它瞧见镜子里的自己，便自言自语道："这是什么颜色？"旁边有人闻声回答："这是灰色，你是灰色鹦鹉！"此人将这话说了6遍，没想到这只鹦鹉竟学会了"灰色"这个词。以后，凡见到灰色的东西，它都能用灰色这个词来描述。

我们不禁要问，鹦鹉没有发达的大脑，但它能说一些未被教过的东西，难道它真的懂得自己所说的"话"的含义吗？这还有待于进一步的科学论证。

美人鱼是否存在
MEIRENYU SHIFOU CUNZAI

如果你看过安徒生的《海的女儿》，你一定会对故事里面美丽善良的小美人鱼记忆深刻。也许你会想，那么神奇的生物，真的存在于现实中吗？

小美人鱼雕像

美人鱼是人类的分支吗？

有些科学家认为美人鱼可能是一种至今仍生活在海中却不为人知的生物。据说，在南斯拉夫海岸，曾经发现了完整的美人鱼化石，这便是美人鱼存在于世界上的有力证据。根据化石得知，该美人鱼高约1.6米，腰部以上极像人类，头部比较发达，眼睛没有眼睑，牙齿比较尖利，完全可以置猎物于死地，应该是一种比较凶猛的食肉鱼类。

美人鱼真的存在吗？

1968年，一个美国摄影师自称在海底看到一个类似猴子的动物，却没能拍下照片。1999年，一个科威特渔民捞到一具奇特的骨架，它的头骨、脊椎都与人类相似，而尾部却类似鱼鳍。专家们经过检验也没得出任何结论。更离奇的是，在俄罗斯黑海沿岸的一座古墓里发现的一具约3000年前的木乃伊，它的上半部有类似人的圆形头颅和条状肋骨，下半部则是一条布满鳞片的鱼尾，这一发现是真是假呢？我们期待科学家的进一步研究发现。

鱼变性之谜

YU BIANXING ZHI MI

动物王国趣事多，其中之一就是鱼的雌雄之变。尽管科学家们众说纷纭，但至今仍无定论。但不管怎么说，这也是一些低等动物在进化过程中为了生存和更有利地繁殖后代所演变出的一种独特的功能。

一夫多妻的大家庭

红海的红鲷鱼，由20多条共同组成一个一夫多妻制的家庭。一旦唯一的丈夫失踪或死亡，就会有一条身强力壮的雌性鱼变成雄性，取代前任丈夫的位置，统治这个家庭。假如这个丈夫再次出走，另一个雌性会紧接着变成雄性。不断出走不断变性，直到最后一个变成雄性。还记得经典动画《海底总动员》吗？尼莫的爸爸在尼莫的妈妈死后变成了雌性。

其实，这种现象在低等海洋动物中并不少见。生活在珊瑚礁上的红鳍鱼、大鳍鱼、鹦嘴鱼、隆头鱼等都能由雌变雄，而细鳍鱼、小丑鱼等又都能由雄变成雌。

动物世界的"女儿国"

人们所熟知的黄鳝，在它们刚出生时，都是清一色的"女儿"，但是它们一旦性成熟产卵后，它们的生殖系统会突然发生变化，都变成"男儿"。因而，苗条瘦小的黄鳝个个都是"女士"，而个头粗大的黄鳝个个都是"男士"。这样，粗壮的"男士"与弱小的"女士"结婚，又生下一批"女士"。之

小丑鱼与海葵

63

黄色鹦嘴鱼

小丑鱼与海葵

后又变成"男士"、如此循环下去。

善变的石斑鱼

有些鱼类更加奇特，如珊瑚礁中的石斑鱼：当一个海域雄性多、雌性少时，一部分雄性石斑鱼就会变成雌性；而当这一海域雌性多、雄性少时，一部分雌性石斑鱼就会变成雄性。它们变来变去的目的，就是为了保证产下众多的下一代。更为奇特的是，生活在美国佛罗里达州和巴西沿海的蓝条石斑鱼，一天中可变性好几次。每当黄昏之际，雄性和雌性的蓝条石斑鱼便发生性变，甚至反复发生5次之多。这种现象既叫变性，又叫"雌雄同体"和"异体受精"。科学家们分析，或许是因为鱼的卵子比精子大许多，假如只让雌性产卵，负担太重，代价太高。而假如双方都承担既排精又排卵的任务，繁殖后代的机会会更多一些。

大象坟场之谜

DA XIANG FEN CHANG ZHI MI

大象无论是因年老、疾病而死，还是被其他动物伤害而死，都有一个很奇怪的现象，那就是，我们几乎见不到大象的尸体。于是，自古以来就有一种传说：大象在行将死亡之时，一定要跑到自己的坟地去迎接自己的末日。

隆重的葬礼

英国生物学家哈维·克罗兹曾在一个沼泽地附近目睹了大象的葬礼：一头垂危的老母象奋拉着脑袋，跌跌撞撞地向前挣扎着，终于摔倒在地。四周的大象围在它身边，发出沉闷的哀号声。一头小公象将象牙伸到老象身下，试图把它抬起来。然而，它使出浑身解数也没能让老象重新站立起来。众象站在老象的周围，低着头，不时用长鼻子抚摸老象的遗体。最后，它们用土和草木把死者掩埋了起来。大象不仅会掩埋死者，还常常把死象的象牙弄断，然后在岩石或树干上摔打，将象牙摔碎。至于大象为什么采取这一行动，人们至今仍不得其解。

65

象牙工艺品

大象坟地真的存在吗?

最近，有许多学者否定大象坟地的存在。他们认为发现大象墓地一说纯属攫取象牙的偷猎者的捏造。因为捕杀大象攫取象牙要受到法律的制裁，所以偷猎者杀害大象之后，总要掩饰说："我们偶然发现了大象的墓地，才得到这么多的象牙。"

这种说法正确与否暂且不论，大象在临死前，行动确实与往常不同，它往往要离开象群，步履维艰地去到某个地方，之后便销声匿迹。至于神秘莫测的大象坟地到底有没有，至今仍是个谜。

你知道吗
NI ZHIDAO MA

很多人认为大象怕老鼠，他们觉得：一旦老鼠钻进它们的长鼻子里，就可能把大象憋死。其实这种说法是错误的，大象根本不把老鼠放在眼里，它们可以轻易地杀死老鼠。大象怕的是不熟悉的情景和声音，也就是说大象常常是被鬼鬼祟祟的老鼠突然带来的声响给吓到了。

动物预测灾难之谜

人类以万物灵长自居，常以支配者的心态看待丰富多彩的世界。可在许多天灾面前，当人类还浑然不觉的时候，动物们早已经预感到灾难的临近。

鹈鹕

大海啸中逃生的动物

2004年12月26日的印度洋大海啸，以地动山摇之势，瞬间夺去近20万人的生命。可是有一个令人难以置信的事实是：这场突如其来的灾难，却"仁慈"地饶过了绝大多数野生动物的性命。

在斯里兰卡东南部地区亚勒，有一处面积约为1000平方千米的自然保护区。在海啸发生时，洪水深入内陆远达3000米，毫不留情地吞噬了200多名当地居民的生命。然而，生活在自然保护区的200多头亚洲象，还有豹子、野牛、野猪以及数不清的野鹿和猴子，却全部逃过劫难，保全了自己的生命。野生动物保护组织派驻当地的观察员惊讶地看到，在洪水过后的自然保护区内，横七竖八倒在泥泞中的，全部是我们人类的尸体。

神奇的火山预警器

日本是地震和火山多发的岛国，人们向来保持着观察鱼类活动以预测危险的传统。1991年6月日本某火山喷发，《巴黎竞赛画报》常驻日本的记者用这样的句子开始他的报道："鱼缸里一旦发生骚动，必然预示着灾难即将降临。我看到六须鲇发了疯似的围着鱼缸四壁打转，快得像颗流星。每当看到这种现象，人们就会明白危险已近在眼前……在日本，人们很早就懂得通过观察六须鲇的活动来预测地震和火山活动。六须鲇在鱼缸里闹得越厉害，灾难的破坏力就越大。"

动物能听见人类听不到的声音？

有的科学家推测，有些动物的听觉比我们人类的更发达和敏锐。比如大象，它可以听到海啸袭来前的滔滔巨浪的声音。1984年，就职于美国波特兰动物园的动物学家凯蒂·佩恩观察到，大象周围的空气"会发出某种有规律的震颤"。她通过仪器分析这些空气震颤的波长和频率，试图揭开大象能够预感外界危险来袭的原因。为了证实自己的推测，她在肯尼亚和埃塞俄比亚一待就是10年，终于取得了巨大进展：大象最远可以感知80千米外的声音。

不过这项研究只揭开了动物神奇预警本领的冰山一角。

你知道吗
NI ZHIDAO MA

将发生地震时，很多动物都会表现得十分异常：牛羊骡马不进圈；狗会乱咬乱叫；鸭子不下水，在岸上吵闹；鸡则会上树高声叫；即使在冰天雪地之时，蛇也会出洞；大猫会携带着小猫逃跑；兔子竖起耳朵乱蹦乱撞；鱼儿纷纷跃出水面；蜜蜂闹哄哄地忙着搬家；鸽子惊慌地乱飞，而不回巢。

海豚身上的难题

HAITUN SHENSHANG DE NANTI

海豚是一种非常聪明又惹人喜爱的动物，它们有着超常的智慧和能力，被称为海洋中的智者。与此同时，它们身上也存在着很多秘密。

海豚救人是出于本能吗？

大多数科学家都认为，海豚救人是出于一种本能。但是，有的科学家觉得，把海豚救人行为归结为动物的一种本能，未免是将事情简单化了。海洋学家认为，海豚的大脑容量比黑猩猩还要大，显然是一种高智商的动物，是一种具有思维能力的动物，它的救人"壮举"完全是一种自觉的行为。因为在大多数情况下，海豚都是将人推向岸边，而没有推向大海。

不过, 让人无法理解的是, 在面对人类的伤害乃至屠杀时, 海豚也只是逆来顺受, 绝不攻击人类。海豚这样的表现实在令动物学家深感困惑, 也令人类无比惭愧。

海豚也有名字吗?

我们人类第一次见面的时候, 都会相互介绍各自的姓名, 以便对方称呼自己。可是你们知道吗, 海豚很可能也有名字呢!

2010年, 英国圣安德鲁斯大学的研究人员经过研究后发现, 海豚的族群中很可能存在着像我们人类社会一样的名称现象。在实验过程中, 他们把每一个海豚的叫声都记录下来, 用专业的工具进行分析, 把那些具有特殊意义的声音和普通的 "交谈" 区分开, 然后把这些很可能代表着某一只海豚称号的声音分离出来。最后, 科学家们把这些录制好的声音向海豚们播放后惊奇地发现, 除了一只海豚有应答外, 其他的海豚都没有什么反应。科学家们推测, 很可能这只应答的海豚的名字就是那段录制声音中的一个。

海豚的智力很高吗?

当你在海洋公园里看到海豚做出各种高难度的表演动作时, 一定会觉得海豚是一种很聪明的动物。很多海洋学家也都认为海豚是海洋中的智者, 因为无论是适应能力还是学习能力, 海豚都表现得非常出色。通常而言, 衡量一个生物的智商高低, 最重要的参考标准就是看它是否具有抽象思维能力。不过, 对于海豚是否具有抽象思维能力这一点, 科学家们一直没有找到有力的证据。

动物迷途知返之谜

DONGWU MITU ZHIFAN ZHI MI

在每个人的记忆中，一定都有迷路的经历。你知道吗，迷路的情况不仅仅发生在人类身上，大多数动物也会迷路。不过，我们迷路的时候可以靠地图和路标，或者寻求别人的帮助，但动物要怎样才能找到回家的路呢？

猫是怎样记路的？

在外国有一种流传很广的说法，那就是假如你想把不愿再养的家猫扔掉，必须将它装在袋子里送到郊外，否则它要是看见了离家的路线，就会凭借记忆找到回家的路。猫的认路本领真的有那么强吗？

1974年，一个兽医从纽约迁居到加利福尼亚，仓促之间把一直养在家里的猫给扔下了。没想到这只猫竟然自己跋涉了4000多千米，横穿了大半个美国国土，找到了它的主人。这件事在当时引起了极大的轰动，人们好奇地想知道它究竟是怎样认路的。

狗真的是靠嗅觉寻路吗？

相比之下，狗的认路本领更为人们所熟悉，但也同样令人吃惊。1943年，家住美国西海岸俄勒冈州的布列加夫妇驾着自己的汽车横越美国大陆旅行，随车旅行的还有他们的爱犬博比。不料在印第安纳州的一个小镇上，博比因为与当地的狗群打架而与主人失散。布列加夫妇找了它好几天都没有找到，只好失望而归。不料第二年春天，博比竟然自己找回家来了。它是

怎么认路的呢？有人认为是狗的灵敏嗅觉领它回家的。但是狗的嗅觉再灵敏，也不可能跨越那么远的距离吧？而且据布列加夫妇的调查，博比回家的路线和他们旅行的路线并不一致，这又是怎么回事呢？

🕊 鸽子真的是靠磁场定位吗？

科学家在实验室里进行了一系列细致的行为实验后宣布，他们首次明确证明鸽子具有磁性感知能力，就像简易的磁性罗盘，这说明鸽子也许和其他鸟类和海龟一样，是利用地球磁场进行导航的。不过也有人对此结论持反对态度。比如，英国研究人员曾发表一份研究报告，也声称解开了鸽子辨别归途之谜。他们认为，鸽子认路回家的秘密其实非常简单和直接，像其他鸟类一样，它们经常沿公路、铁路、运河和其他人造航运、航空标志等飞行，最终到达目的地。

鸽子

动物的第六感
DONGWU DE DI-LIUGAN

许多人相信冥冥之中存在神奇的"直觉"——"第六感",它不仅发生在人身上,也存在于动物中。专家针对动物的第六感做了深入研究,但进展不大。

千里寻主人的猫

一位英国外科医生从伦敦到苏格兰高原去旅游,不幸在途中发生了车祸,被送进了爱丁堡的一家医院。他在医院足足住了两个多月,就在他出院前夕,他心爱的猫凯蒂闯进医院找到了他。从伦敦到爱丁堡有几百千米,要经过许多丘陵、山地、密林和湖泊,并且途中还要越过泰晤士河,而这只猫却不可思议地找到了主人。许多动物学家心理学家、星相学家纷纷慕名而来,专门"拜访"这只神奇的猫。

与主人心灵相通的狗

养过宠物的人都有过这种体会:每当你回家时,你的狗或者是猫总是在门口等候着你,似乎早就知道你这个时候会回来。专家们做了一个实验,为了证明琳达小姐的狼狗能知道她何时回家,工作人员分成了两组,一组随狗守在家中,一组与60千米以外的琳达在一起。琳达每次准备回家,待在家中的狼狗就会兴奋地跑到门口;而当琳达放弃回家的念头时,狼狗又会垂头丧气地回到房间里。如此试验了40次,竟然屡试不爽。

龟类长寿之谜

GUILEI CHANGSHOU ZHI MI

都说龟是动物世界里的"老寿星"。那么，龟为何会长寿呢？

龟的寿命究竟有多长？

2008年12月3日，英国《每日邮报》援引圣赫勒拿旅游局一名新闻发言人的话说："乔纳森是1882年来到圣赫勒拿岛的3只乌龟中仅存的一只，当时它至少50岁，因此乔纳森现在至少有176岁。"美国的一个动物园有一只乌龟，从15世纪开始处于半眠半醒状态，至今已活了400年了。亚洲一位渔民在沿海抓住的一只海龟，长1.5米，重90千克，背甲上附着有许多牡蛎和苔藓，估计寿命为700岁。

龟类为何会长寿？

人们对龟的长寿原因说法不一。据科学家研究发现，在人和动物的细胞中，有一种关于细胞分裂的时钟，它限制了细胞繁殖的代次及其生存的年限。人的胚肺纤维细胞，在体外培养到50代时，就再难以往下延续了，而乌龟可以达到110代。这说明，龟细胞繁殖代数的多少，同龟的寿命长短有密切的关系。

另外，乌龟有一副坚硬的甲壳，使其头、腹、四肢和尾都能得到很好的保护，以免受到外界的伤害。同时，乌龟还有嗜睡的习性，一年要睡上10个月左右，既要冬眠又要夏眠，这样，新陈代谢就更为缓慢，能量消耗极少。这可能也是龟长寿的原因之一。

植物长寿之谜

ZHIWU CHANGSHOU ZHI MI

在世界各地，到处可见年龄达数百、数千岁的古木，而在动物界，即使是被视为长寿象征的乌龟，最多不过能活几百岁。为什么植物的寿命远比动物长呢？

牵牛花的寿命随意定？

在春天撒下牵牛花的种子，到了夏天便会开花并结成种子，入秋之后立即枯萎。依此看来，牵牛花的寿命只有半年。如果把萌芽的牵牛花一直放在暗处使它照不到阳光，它在刚刚长出双子叶还没有抽蔓时就开花结果，进而枯萎。这时，它的寿命只有短短几个星期而已。但是，如果把牵牛花移入温室，一到夜晚就打开电灯保持光亮，它将始终不会开花，而是一个劲儿地伸蔓长叶，持续生长好几年。由此看来，牵牛花好像可以"随意"改变一生的长度，没有固定的寿命。

植物可以休眠

人类或者动物，只要是相同的物种，都会以大致相同的速度成长：性成熟，产子，随年龄的渐增而老化，最后以既定的寿命结束一生。但是，植物却能够在一生的各个阶段休眠一阵子：比如冬天停止代谢，春天再开始生长。从同一棵草木上同时掉落到地面的多粒种子，有的第二年立刻发芽，有的则躲在地下休眠数年乃至数十年，有些甚至经过几百年之后才发芽。

植物和动物一样也会睡觉

75

古树

单细胞繁殖

　　植物和动物都靠繁衍子孙而使生命延续。动物的繁殖需要精子和卵子的结合，即使是"克隆"也需要有卵细胞或者胚胎细胞的参与。而植物却可以借助自身细胞（单细胞）来繁殖，它不停地分裂，"永不死亡"。森林火灾常常把漫山遍野的植物烧成一片焦黄，但一到次年的春天，烧焦的树干上又可重见稀稀疏疏的新绿。1963年，英国的史基瓦德切下一小块胡萝卜放在培养液中，不久，胡萝卜块中有不少细胞游离出来，将这些细胞放到培养基上，细胞开始增殖，在试管中长成了整个的胡萝卜。

　　史基瓦德的试验首次证明了构成植物体的每一个细胞都具有再度发展成新个体的能力，而这一点，人或者动物都做不到。

　　植物和动物从生命的起源来看，完全是同祖同宗的，但其后代为何会有如此大的差别呢？植物长寿的原因究竟是什么呢？它们会给人类什么样的启示呢？这需要长期的科学探索来为我们找到答案。

种子长生不死之谜

ZHONGZI CHANG SHENG BU SI ZHI MI

般来说，植物种子能活15年就算是高龄了，可是有的却能活数千年。

2000多岁的西红柿种子

我国考古工作者曾在西汉古墓里发现了西红柿的种子，它们距今已有2000多年的历史了。四川省成都市博物馆的考古学家对这批种子进行了栽培实验，没想到它们竟奇迹般地成活了，结出的西红柿跟现在的相比，没什么两样。这个无可辩驳的事实，给科学家出了一道难题：种子为什么那么长寿？

最长寿的种子

1973年，我国考古学家在河南郑州大河村的仰韶文化遗址中，发现了两枚古莲子，它们已有5000年的历史了，是国际上公认的迄今为止发现的最长寿的种子。它们在考古学家的精心培育下，发了芽，并开了花。

科学家认为，莲子是一种坚果，它外面包着的果皮是一层坚韧的硬壳，能保护里面的种子。莲子的果皮组织中含有一种特殊的细胞，能使果皮完全不透水。所以，种子里的水分能保持很长时间。这就是它长寿的秘密。

可惜，用这个说法解释不了西红柿种子长寿的原因。

会跳舞的草

HUI TIAOWU DE CAO

一般人会说，草在有风或被碰到的情况下才会动，真的是这样吗？风流草可是个例外。

跳舞草

在菲律宾、印度、越南以及中国云贵高原、四川等地的丘陵山地中，生长着一种能翩翩起舞的植物，人们叫它"风流草"。"风流草"跳起"阳光下的舞蹈"来真是不知疲倦，直到傍晚时分才停息下来。有趣的是，一天中阳光愈烈的时候，它旋转的速度也愈快，一分钟能重复好几次。

"风流草"何以起舞？

植物学家普遍认为与阳光有关，有光则舞，无光则息，就像向日葵向着太阳转动一样。但风流草跳舞的具体原因是什么，人们有着不同的观点。

有的观点认为是植物体内微弱电流的强度与方向的变化引起的；有的观点认为是植物细胞的生长速度变化所致；也有的观点认为是生物的一种适应性，它跳舞时，可躲避一些昆虫的侵害；还有观点认为风流草生长在热带，两枚小叶一转，可躲避酷热，以保存体内水分。

"风流草"究竟为何昼转夜停，仍存在很多疑问，要解开这个谜还需要植物学家们继续深入探索。

食人植物之谜

SHI REN ZHIWU ZHI MI

吃虫子的植物不少，比如猪笼草、狸藻等。那么，吃人的植物也存在吗？答案是肯定的。

大王花

吃人的奠柏

奠柏，一种生长在印度尼西亚爪哇岛上的恐怖植物，它的恐怖之处不在于外形丑陋，而是因为它居然会吃人！然而，更令人意外的是，它居然还受到当地人的竭力保护。奠柏身高八九米，细长的枝条垂贴地面，随风而动，看似极为柔弱，但如果有人碰到它的话，树上的枝条就如魔爪一般向人伸过来，把人紧紧缠住，然后，树枝就会分泌出一种能够消化"猎物"的强黏性的汁液，几天之后，被缠住的人就只剩下一堆白骨了！

人们为什么会保护这种恐怖残忍的怪树呢？原来，奠柏的汁液是宝贵的制药材料。

杀人草

在越南和中国广西交界的地方有一片令人心惊胆战的黄高森林。1969年8月，一支由12人组成的美国海军陆战队，在卡洛塔上尉的带领下进入了这片看似平静的森林。一天，凯文迪上士在小溪边洗手时，突然，他的手腕被一条水草缠住了，奇怪的是

竟然无法摆脱，而且越缠越紧。此时，另
一个士兵猛地拔刀而出，果断地斩断了
凯文迪的手腕。原来，缠住凯文迪的水草
不同一般，它就是传说中的"食肉"草！当
人们回头再看凯文迪的断手时，早已化为
一摊血水！如果这个士兵再迟疑一会儿，恐
怕凯文迪整个人就已被水草消化掉了。

毛毡苔

　　而怪事并没有就此结束。就在凯文迪出事
后两天，卡洛塔上尉在一次执行任务的途中，竟然被
一种名为猪笼草的植物所吞噬，连尸体都没留下！

食人的草苔

　　20世纪美越战争期间，帕克·诺依曼少校带领27名战斗经验丰富的官兵去营救
被俘人员。当他们行进到腾娄森林中的一片长有紫色草苔的开阔地带时，少校命令在
此休息整顿，并派出3名士兵前去寻找干柴及水源。然而，当这3名士兵走出不远后，
其中一个名叫麦克·西弗的士兵大喊一声"不好"，便急忙跑了回去。当他们跑回休息
之处时，看到的情景使他们目瞪口呆。24名战斗经验丰富的美国官兵，居然在那片平
坦的草苔上离奇消失了，而他们的枪械却仍然留在草苔上面！

　　20世纪90年代，人们为了找到答案，在腾娄森林做了一个实验，他们把一只野兔
放在草苔上，野兔竟然瞬间就被融化掉了。难道是被草苔"消化"掉了？此时，人们才
明白，之前在此消失的24个官兵竟然是被这些草苔所吞噬！

　　原来，这种神秘的草苔就是在亚洲、非洲和北美洲常见的一种植物——毛毡苔，
它靠分泌出来的黏液捕捉小虫，是著名的食虫植物。然而，它们是怎样一次消化掉如
此多的人的呢？它们的食量究竟有多大呢？还有待科学家继续探索。

植物传递情报之谜

ZHIWU CHUANDI QINGBAO ZHI MI

许多动物能够以不同的方式向自己的同伴传递一些信息，以表达自己的意愿。"植物王国"里也有信息传送吗？

植物自己抗虫害

美国华盛顿大学的两名研究人员用柳树、赤杨和在短短几个星期内就能把整株树的树叶吃光的结网毛虫进行实验。他们把结网毛虫放在一棵树上，几天后发现树叶的化学成分有了某种程度的变化，特别是单宁酸含量有了明显增加。结网毛虫吃了这种树叶后不易消化，便失去了胃口，去别处另找可口的佳肴了，从而使这棵树免遭祸害。让人大吃一惊的是：当做实验的树木遭到虫害后，在距其65米以内，其他树木的叶子在两三天内也发现有类似的变化——单宁酸含量增加，味道变苦，以此来防御昆虫对它们的侵害。这个实验结果充分说明了植物之间是有信息联系的。

会"下毒"的枞树

1986年，克鲁格国家公园里出现了一件怪事。每年冬季，这里就有不少捻角

长颈鹿

捻角羚羊

羚羊莫名其妙地死去, 但与它们共同生活在一个地方的长颈鹿却安然无恙。

原来, 长颈鹿可以在公园内随意地走来走去, 到处挑选园内不同树木的叶子来吃。而捻角羚羊则被圈养在围栏内, 只能吃生长在围栏内的树木的叶子。科学家还发现, 长颈鹿会仔细挑选它准备吃叶子的那棵树, 通常会从10棵枞树中选1棵。此外, 它们还避开它们已经吃过的枞树旁边的枞树。专家研究了该公园捻角羚羊和长颈鹿胃里的东西, 发现羚羊吃进去的树叶里单宁酸含量非常高, 达15%之多, 这种毒物会损害动物的肝脏。而长颈鹿吃入的枞树叶的单宁酸含量只有6%左右。

为什么同样是枞树的叶子, 在不同动物的胃里, 单宁酸的含量不同呢? 经研究, 专家认为: 枞树用分泌更多单宁酸的方法来保护自己免遭动物吞食。

在研究中他们还发现: 当枞树不止一次受到食草动物的侵袭时, 枞树能向自己的同伴发出危险"警报", 让它们增加叶里的单宁酸含量。收到这一信息的树木在几分钟内就采取了防御措施, 使自己叶子里的单宁酸含量猛增。

植物之间有传递"情报"的行为已被人们所公认, 但它是如何传递的呢? 它的"同伴"又是怎样接收到它的"情报"的呢? 这些谜团还需时间来解开。

植物致幻之谜

ZHIWU ZHI HUAN ZHI MI

有些植物因其体内含有某种有毒成分，当人或动物吃下这类植物后，可导致神经系统或血液中毒，从而产生种种幻觉。这就是致幻植物。

"幻觉大师"——蛤蟆菌

蛤蟆菌，被印第安人称作"提奥那纳托卡"，意为"神蘑菇"。早在古代它就在印第安人的宗教仪式中占据重要地位。在唱颂歌时，人们要在祭司的指导下，进食"神蘑菇"，过后很快会出现各种幻觉、幻象，如庄严华美的宫殿、绚丽缤纷的花园、变幻莫测的湖光山色等，让人仿佛脱离了尘世，遨游在极乐的天国。

美国真菌学家沃森认为，食用"神蘑菇"有助于人们感知上帝的旨意和预言未来。据说猫误食了这种菌，会感觉老鼠的身体忽然间变得硕大，从而失去捕食老鼠的勇气。这种现象在医学上被称为"视物显大性幻觉症"。

毒蘑菇

罂粟也可致幻

83

"麻醉专家"——肉豆蔻

肉豆蔻，人称"麻醉果"，内含有毒的肉豆蔻醚。食少量种仁即可产生幻觉，曲解时间与空间，并有超越实际的欣快感。据说，非洲土人爱随身携带一些肉豆蔻的果实，每当身体患病或精神痛苦时，便服用少许，能很快进入美妙幻境，如看见天使的微笑、久别的亲人，从而暂时忘却自身的痛苦或不幸。

肉豆蔻

"巫师灵药"——南美天仙子

在中南美洲的丛林中，有一种叫天仙子的致幻植物，它含有的天子胺，能强烈地干扰人的中枢神经系统，使人神志模糊，产生幻觉。女巫把天仙子粉搅拌成糊状，搽满受骗者的全身，在药物的作用下，受骗者的头脑开始恍惚，并出现种种不可思议的幻觉。清醒后，女巫们要他们把幻觉中的感受说给人们听，并把使受骗者致幻的植物说成是在深山中修来的仙药，以此来骗取巨额钱财。

你知道吗
NI ZHIDAO MA

罂粟也是一种有名的致幻植物。罂粟未成熟果实的果皮内含有一种与众不同的乳汁，暴露在空气中后，很快变黑、凝固，形成鸦片。19世纪，人们又从罂粟中提炼出海洛因，长期吸食海洛因的人，食欲不振、早衰、消瘦、贫血……可以说，吸毒者每享受一次海洛因的"快乐"，就是离死神更近了一步。

为何会出现幻觉？

致幻物质是如何使人产生幻觉的呢？原来，在人的大脑和神经组织中，存在着许多传递信息的物质，这些神经媒介像信使一样，忠诚地履行着传递信息的功能，担负着调节神经系统正常活动的重要使命。但因致幻植物含有的生物碱不同，所以会出现形形色色的幻觉。

人类对于致幻植物的认识和利用还只是初步的，要弄清其中的全部奥秘，做到物尽其用，还需要进行更深入的探索。

Part 4

第四章

文化疑云

全球洪水之谜

QUANQIU HONGSHUI ZHI MI

人类学家在研究中发现，美索不达米亚、希腊、印度、中国、玛雅等文明中，都记载着远古时代曾经有过一场毁灭性的世界性大洪水直接摧毁了当时的文明。如此类似的传说从何而来？它们会不会是人类远古文明的真实记忆呢？

大洪水真的只是传说吗？

很多学者认为世界性的大洪水纯属子虚乌有，而各地的洪水传说大多起源于两河流域的苏美尔人。他们的依据是考古发现。20世纪初，考古学家发现了载有最早洪水传说的苏美尔泥版文书；而后在苏美尔古城乌尔的发掘中，又在地下发现了3.3米厚的沙层。据考证，沙层是公元前4500年前后两河流域的一次特大洪水堆积出来的，洪水还淹没了一个叫乌博地安的史前民族。所以他们深信，苏美尔的洪水故事是这一次大灾难留下的记忆，经民间传说夸大为世界性大洪水。这一故事通过在古巴比伦人、犹太人等许多民族中的流传而逐步演化为世界性的文化现象。

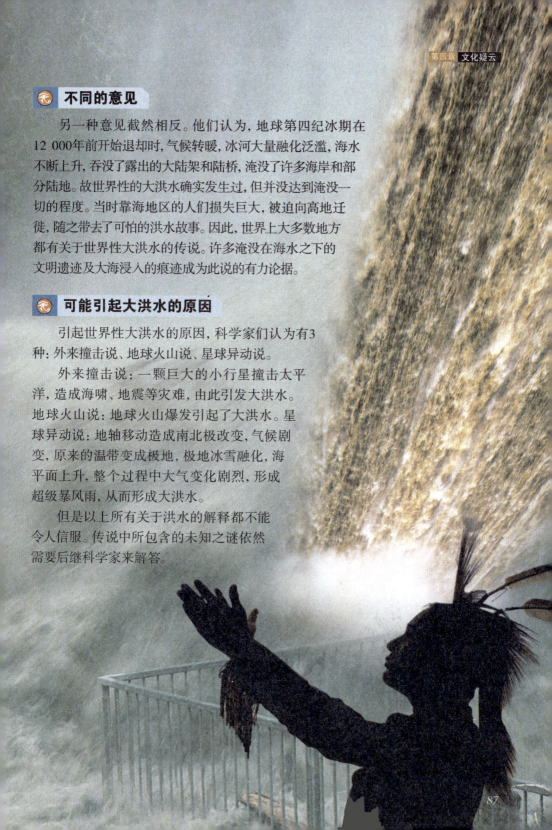

不同的意见

　　另一种意见截然相反。他们认为,地球第四纪冰期在12 000年前开始退却时,气候转暖,冰河大量融化泛滥,海水不断上升,吞没了露出的大陆架和陆桥,淹没了许多海岸和部分陆地。故世界性的大洪水确实发生过,但并没达到淹没一切的程度。当时靠海地区的人们损失巨大,被迫向高地迁徙,随之带去了可怕的洪水故事。因此,世界上大多数地方都有关于世界性大洪水的传说。许多淹没在海水之下的文明遗迹及大海浸入的痕迹成为此说的有力论据。

可能引起大洪水的原因

　　引起世界性大洪水的原因,科学家们认为有3种:外来撞击说、地球火山说、星球异动说。

　　外来撞击说:一颗巨大的小行星撞击太平洋,造成海啸、地震等灾难,由此引发大洪水。地球火山说:地球火山爆发引起了大洪水。星球异动说:地轴移动造成南北极改变,气候剧变,原来的温带变成极地,极地冰雪融化,海平面上升,整个过程中大气变化剧烈,形成超级暴风雨,从而形成大洪水。

　　但是以上所有关于洪水的解释都不能令人信服。传说中所包含的未知之谜依然需要后继科学家来解答。

金字塔之谜

JINZITA ZHI MI

埃及金字塔是世界七大奇观之一，是为数不多的留存较完好的古代建筑奇葩。但是，围绕金字塔的迷雾，一直没有散去。

难以置信的建造之谜

埃及最大的金字塔是法老胡夫的金字塔，它大约建造于公元前2600年。塔高146.5米，相当于一座40层高的摩天大楼，大约由230万块巨石砌成，石块平均重量约2.5吨。如果把建造胡夫、哈夫拉、孟考夫拉三座相邻的金字塔的石块集中起来，砌成一道3米高、1米厚的石墙，其长度足够把整个法国圈起来。

哈夫拉金字塔的旁边雄踞着一尊巨大的石雕——狮身人面像，它高20米，长57米，下巴还垂着5米多长的胡须。当然，现在胡须早已脱落。

据估计，建造金字塔需要5000万人，而公元前3000年左右全世界的总人口也不会超过2000万人。何况，已经发现的金字塔有80多座，即使像希罗多德所说的，30年完成一座，总计也需2400年。再者，金字塔大到结构小到各建筑细节都精妙无比，古人的智力和物力程度有这么高吗？

埃及古庙建筑

匪夷所思的学术奇迹

胡夫金字塔本身就有太多的神秘色彩：

自重 $\times 10^{15}$＝地球的重量

塔高 $\times 10^{9}$＝地球到太阳的距离

底面积 $\div$（塔高 $\times 2$）＝圆周率

另外，穿过大金字塔的子午线把地球上的陆地、海洋分成相等的两半，金字塔塔基正好坐落在地球各大陆引力的中心。还有，地球两极的轴心指向天空的位置每天都在变化，经过2.5827万年的周期，绕天空一周回到原来位置，而金字塔对角线之和，正好等于25826.6。

金字塔内神奇的力量

20世纪40年代，一位名叫布菲的法国人在胡夫墓室内发现了一些已死去很久的干瘪的小动物尸体，虽然室内并不干燥，但尸体一点也不腐烂发臭。布菲十分纳闷，他想了一会儿，突然灵机一动，想到可能是建筑的金字塔形状使它们变成了木乃伊。

回国后，他按胡夫金字塔的比例，用木板制作了一个缺底的小金字塔模型。他把模型按南北方向放置，在中轴线距塔底三分之一高的地方，即胡夫殡室的位置上安放了一只刚死的猫。奇怪的现象发生了，过了一些日子，死猫成了一具木乃伊。布菲又对其他的有机物进行试验，也得到了同样的结果。

后来，一个叫杜拜尔的科学家，将一把刮胡刀的刀片放在金字塔模型内，刀片竟然变得更锋利了。这种神奇的力量还使杜拜尔发明了磨刀片器。

这种神奇的"金字塔能"到底从哪里来?为什么会产生上述种种神奇的效果?为什么它正好聚集于胡夫殡室的位置上，即塔高三分之一的地方?这是巧合，还是古人已掌握了这种能源?各国的金字塔信徒们正千方百计地寻求谜底。他们大多认为，"金字塔能"是当代科学还不能解释的"客观存在着的一种自然现象"。

通天塔的修建

TONGTIAN TA DE XIUJIAN

传说古时候，天下的人本说同一种语言，后来古巴比伦人要修建一座能够通天的高塔，以建立自己的声誉。随着通天塔越建越高，不免惊动了上帝，他施展法术，使人们的语言互不相通，结果由于修塔的人之间无法沟通，通天塔的工程便半途而废了。

《通天塔》勃鲁盖尔

通天塔是大寺塔？

史学界许多人认为通天塔的建造是有据可依的，关键是这座通天塔指的是哪座。有人认为，传说中的通天塔就是古代两河流域新巴比伦王国时代巴比伦城内的大寺塔。这座塔兴建于公元前5世纪，历经半个多世纪才建成。修建时，国王曾下令，一定要将塔顶提高，意与天公比高。而且，当时巴比伦城内的居民种族很多，确实有语言不通的情况。可惜的是，大寺塔在公元前3世纪就被破坏了。

通天塔另有所指？

也有人不同意上述说法，认为在大寺塔建成之前，巴比伦城内已有两座神庙，一座叫萨哥–埃尔，意为通向云中，另一座叫米堤–犹拉哥，意为上与天平，这两座神庙才是通天塔传说的来源。还有人认为，传说中的通天塔是指位于巴比伦城东南的乌尔大寺塔，因为这座塔在巴比伦的寺塔中，修建时间最早，工程量最大。

是否有人真的修过通天塔，至今也没有一个确凿的说法，因为上面这些古塔早已毁坏了。

玛雅文化之谜

MAYA WENHUA ZHI MI

玛雅面具

玛雅人

玛雅文化是人类已知的最早的古文化之一，早在公元前2000年的时候，玛雅文化就在美洲发展起来了。

被抛弃的文明

不知什么原因，约在1000年前，玛雅人放弃了高度发展的文明，大举迁移，玛雅文明一夜之间消失于美洲的热带丛林中。关于玛雅文明的消失有着种种猜测，有人说玛雅人遇到了瘟疫、战争……它的消失与它的崛起一样，充满了神秘的色彩，为世人所瞩目。

神奇的雕刻

1952年6月5日，人们在墨西哥高原的玛雅古城帕伦克一处神殿的废墟里，发掘出了一块刻有人物和花纹的石板。当时人们仅仅把这当作玛雅古代神话的雕刻。但到了20世纪60年代，人类乘坐宇宙飞船进入太空后，那些参与过宇航研究的美国科学家们才恍然大悟：帕伦克那块石板上雕刻的，原来是一幅宇航员驾驶着宇宙飞行器的图画！虽然经过了图案化的变形，但宇宙飞

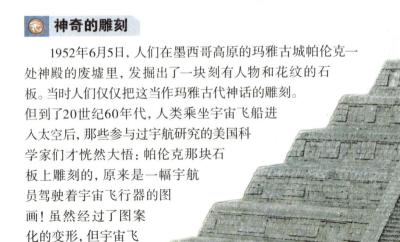

玛雅金字塔

船的进气口、排气管、操纵杆、脚踏板、方向舵、天线、软管及各种仪表仍清晰可见。这幅图画的照片被送往美国航天中心时，那些宇航专家们无不惊叹，一致认为它就是古代的宇航器。这似乎令人难以置信，但却是确凿的事实。

玛雅遗址

外星文明的继承者?

有些学者提出了一种大胆的看法: 在遥远的古代, 美洲热带丛林中可能来过一批具有高度文明的外星智能生命, 他们走出飞船, 教给了尚在原始时代的玛雅人各种先进知识, 然后又飘然而去。他们被玛雅人认为是天神。玛雅文化中那些令人难以理解的高深知识, 就是出于外星人的传授。帕伦克石板上的雕刻, 也是玛雅人对外星宇航员的临摹。外星人离去时, 曾向玛雅人许诺重返地球, 但在玛雅人的祭司预言天神返回的日子里, 这些外星人并未返回。这导致了玛雅人对其宗教和祭司统治的信心丧失, 进而引起了整个民族心理的崩溃, 终于使人们一个个离开故乡, 各自走散。玛雅文化就这样消失了。

也许人们会指责这种看法带有过多的假说意味。但即使否认了这种说法, 也仍然无法圆满地解释玛雅文化那神秘的内涵, 那众多令人不可思议的奇迹以及它突然消失的原因。

你 知 道 吗
NI ZHIDAO MA

末世论都是没有科学依据的, 比如1844年末世论、1998年末世论、2012年末世论。很多末世论都是从西方传播开来的。据说, 2012年末世论来自玛雅历法, 但危地马拉玛雅印第安长老辟谣说, 玛雅历法的意思是, 2012年仅仅意味着旧纪年的结束、新纪年的开始罢了, 并不代表世界末日。

93

神秘的楼兰古国

SHENMI DE LOULAN GUGUO

楼兰美女复原图

在塔里木盆地的东部，罗布泊洼地的西北边缘，有一个几乎完全被沙丘所淹没的遗址，即楼兰城遗址。楼兰是西域三十六国之一，昔日绿草遍地、人往如织，在公元4世纪以后，这个古城王国却突然神秘地消失了。

偶然的发现

1900年，瑞典探险家斯文·赫定率先闯入罗布泊地区，打破了罗布泊沙漠的沉寂。在考察过程中，由于突遇风暴，斯文·赫定险些丧命，亏得一只水鸟将他引至一个小水潭边，才使他幸免于难。

风暴停息后，斯文·赫定面前出现了一些高大的泥塔和房址，起初他以为这是千年难遇的"海市蜃楼"，但走近一看，才发现这是一座被风沙淹没的古城。经鉴定，这座古城就是赫赫有名的楼兰古城。

走进楼兰

楼兰城内比较集中的房址有3处：在佛塔东南约60米的台地之上，有一处大房址，可以看见尚有3间房室残迹，地表周围还可见到许多散布的木框架构件，推测原建筑规模较大；另一处在佛塔之东约30米处的台地之上，地表也散见大量木框架构件，以及用红柳枝编织涂泥的残墙，在表层堆积之下，残存4个小室；在另一处偏南的房址遗迹中，则发现有印章、铜铁箭镞和珠饰等。

扑朔迷离的楼兰文字

从考古发现看，我们知道楼兰人使用的官方文字是佉卢文。西方语言学家发现，佉卢文并不是在塔里木盆地起源的，而是来自于古代印度。如果再往前追溯的话，这种文字起源于古波斯帝国统治时期的中亚。但让人迷惑的是，这种文字早在公元2世纪的时候就被古印度废弃，变成了一种死文字，何以在公元3至4世纪还在楼兰使用？

突然消失的绿洲

现在，由探险和考古发现所揭示出来的楼兰文明越来越清楚地展现在人们面前。楼兰这个处于东西交通要道的走廊，荟萃了东西方文明的精华。从已发掘的遗址范围和所出土的文物内涵看，它当时的城市文明已经达到了相当高的水平。

虽然楼兰人曾经顽强地与恶劣的自然环境做过斗争，但最终仍不得不放弃他们心爱的家园。漫漫黄沙遮盖了昔日绿洲上的城市，一个辉煌了很久的文明就这样永远消失了。

奥尔梅克文化之谜
AO'ERMEIKE WENHUA ZHI MI

3000年前，美洲的墨西哥湾海岸上出现了一个相当高级的文明——奥尔梅克。他们曾在高原上大兴土木，建造城市；也曾在这些远古的城市中创造了自己的文明……他们曾经很强盛，但后来却突然消失了，没人知道是什么原因。

真是中美洲文化始祖吗?

有一种观点认为，高度发达的奥尔梅克文明对中美洲宗教、艺术、政治结构和等级社会存在着重大影响，是中美洲文化的始祖。但还有另一种观点认为，现在还无法证明奥尔梅克文明高于当地其他文明。也有少数人认为奥尔梅克文明只是当时文明的一个"姊妹"文明，算不上什么始祖。

奥尔梅克石像

玛雅文化也传承自奥尔梅克文化吗?

奥尔梅克文化和玛雅文化都是人类文明史上的谜团，而且它们都曾存在并兴盛于中美洲。所以，很多考古学家一直认为二者之间必然存在着某种联系。近来，研究分析发现奥尔梅克文化与玛雅文化确实存在着密切关系，那就是玛雅文化传承于奥尔梅克文化。不过也有人持不同意见，耶鲁大学的考古学家迈克尔·科博士就认为玛雅文化并非源自奥尔梅克文化，而是一种独立的文化。

卫星

地球仪

神奇的地图出自谁手

SHENQI DE DITU CHUZI SHEI SHOU

当今的地图大多都是经过高科技手段绘制而成的，然而，人们发现了在没有卫星勘测技术条件下而绘制出的精确地图！它们绘制的精准程度，甚至可以与当今的地图相媲美。

奇怪的雷斯地图

18世纪初，一位名为皮里·雷斯的土耳其海军上将收藏了一幅神秘的地图，它就是著名的雷斯地图。正是这幅地图，引起了科学界的一片哗然！

从这张地图上我们可以清楚地看到，延伸至拉丁美洲最南端的、完整的美洲新大陆和非洲海岸线，甚至我们所认为的在当时无人问津的南极大陆也轮廓清晰。不仅如此，该地图居然还准确无误地绘制出了被冰封几千年的南极山脉。众所周知，现代人类绘制南极地图是在1952年之后利用高端的仪器来完成的。人们不禁要问：在没有任何高科技设备支持的时代，这张地图是如何绘制成的？地图的绘制者又是如何了解南极大陆的一点一滴的？

神秘的罗赛利地图

令科学家匪夷所思的并非只有雷斯地图,在众多的古地图中,人们还发现了一幅绘制于1508年的神秘地图——罗赛利地图,它是由当时著名的制图大师罗赛利亲手绘成的。人们通过仔细研究发现,该地图上同样有对南极大陆的精确描绘,而那时的南极大陆仍然不为人知。更令人惊奇的是,这幅地图竟然像是通过某种高空测量技术绘制而成的!

难道是远古高科技的产物?

关于雷斯地图和罗赛利地图的由来,科学界争论不休。有人发现,在这些地图上,竟然有着与人造卫星拍摄的地球照片类似的地方,那就是地图上奇怪的弯曲!两幅地图上都存在着不同程度的弯曲变形,而这种弯曲恰恰就是需要从至少5000米的高空俯视大地才能看到的形状。也就是说,它们是精确的高空投影图!然而,人类在当时并没有飞行工具,更别说攀升至5000米的高空。那么,这些高空投影图是怎样来的呢?

雷斯地图局部

或许是外星人绘制的?

人们通过对比两幅地图发现,二者都有明显的伪造痕迹。据此,有人推测,这是好事之人伪造的。不过也有人推测这两幅图最早都出自于外星智慧生物,因为只有他们才可能具有这种精确的探测技术。

指南针

小人国之谜
XIAORENGUO ZHIMI

白雪公主和七个小矮人的故事家喻户晓，小矮人因帮助白雪公主而久享盛名。但是，小矮人究竟家住何处？他们的国家又在何方？世上真的有小人国吗？

恐怖的习俗

你见过拳头大小的头颅吗？传说在南美洲的安第斯山脉中生存着一个身材矮小的种族——"小人国"，那里的人拥有强健的体魄和令人称奇的战斗技巧，所以能在危机四伏的原始森林里繁衍生息。他们有一种极为恐怖的习俗，那就是把敌人的头颅通过一种神秘的制作方法缩成拳头般大小并且保持样貌不变。这种残忍的习俗惹怒了神灵，最终，恐怖而神秘的小人国灭绝于神灵的降罪之下。

真的存在小人国吗？

有人根据上述传说，居然真的找到了传说中那奇特的缩头药方。拥有这种药方的人就是印第安的希巴洛奇人。他们难道就是传说中的"小人国"子民吗？

其实，探险家已经找到了几个拥有身材矮小子民的民族，这些民族的子民都生活在无人问津的地方，过着一种与世隔绝的原始生活，那里虽然没有战争的灾难与威胁，但他们还是面临着灭绝的危险。

野人之谜

YEREN ZHI MI

野人的相关信息长期以来不时地出现在各种报纸、杂志中，甚至在古代也有关于野人的文献记载。它们是人类的"胞兄"，还是骇人听闻的"怪兽"？

奇怪的脚印

1811年，探险家大卫·汤普逊在北美发现了长30厘米、宽18厘米的巨大脚印。据观察，其步幅很大，绝非人类所留。1951年，一支勘测探险队在珠穆朗玛峰冰川上也发现了一串神秘的大脚印。中国的科考队在神农架同样也有类似的发现。迄今为止，世界各地有关这类大脚印的发现已达上千例。

野人的传说

野人身形巨大，全身长毛，直立行走，奔跑如飞，动作灵巧。在北美的印第安人中，早就流传着这种神秘怪兽的传说。在湖北神农架以及世界的其他地方都有与野人相关的传说，声称自己见到过野人的已不下700人，甚至有人声称曾与野人生活过一段时间。这些传说大多数是已被拆穿的谎言，而某些传说却让人感到匪夷所思，难辨真伪。

巨猿之后？

在800万年至50万年前，世界上曾经生存着一种巨型的类人猿，有专家推测，巨型类人猿并没有灭绝，而是进化演变成了困惑我们已久的野人，不过这种说法还没得到确认。

狼人之谜

狼人是西方神秘文化中最热门的话题之一。这种怪物平时从外表看与常人并无不同，但一到月圆之夜就会变身为狼人，失去理性并变得非常狂暴。

狼人的来历

狼人的传闻开始于公元13世纪的英国。据说当时的英格兰国王被一名僧侣下了一种叫作狼头草的毒，而中了这种毒的人就会化身为狼。后来，匈牙利的国王，在1414年促使当时的罗马教廷承认狼人的存在。随后，狼人开始变成天主教徒口中的魔物。经过几百年的流传，狼人的传说已经遍及整个欧洲。

真的有狼人吗？

在墨西哥，有一个叫戈麦斯的男孩全身长满了黑色的长毛，就像那些传奇故事中的狼人一样。其实他只是一个患有"多毛症"的正常人而已。多毛症，又称"狼人综合征"，是一种由基因突变而导致患者全身覆盖浓密毛发的病症，严重者只有手掌和脚掌没有长长的毛发。多毛症患者在全球数量极少，据统计目前全球仅有十几位患者。

像戈麦斯这种"狼人"是没有危险性的，但是在欧洲还有另外一种"狼人"，他们有攻击倾向。据说他们可能只是一群被"变狼妄想症"困扰着的可怜的人。

"奥林匹克"起源之谜

■■■ "AOLINPIKE" QIYUAN ZHI MI

掷铁饼者

第一届古代奥林匹克竞赛开始于公元前776年，至今已经有很多年的历史了，关于它兴起的原因，人们有多种说法。

爱情和王位的争斗

传说之一：古希腊共和国的国王伊利斯有一个女儿，伊利斯想给她挑选一位文武双全的佳婿，于是诏令应选青年必须和自己比赛战车。公主的恋人佩洛普斯在比赛中获胜，因此他在奥林匹亚举行了盛大的祭典，其中有战车、角力等运动竞技，由此便创立了古代奥运会。

其他说法

传说之二：希腊的大力士赫拉克勒斯击败了其他神以后，便在奥林匹亚举行体育比赛，以祭奠他的父亲宙斯神。传说之三：赫拉克勒斯与他的兄弟们因发生争吵，而在奥林匹亚山下比武较量，由此逐渐发展为古代运动会。究竟哪一种说法符合史实，我们已经无从得知。

特洛伊战争之谜
TELUOYI ZHANZHENG ZHI MI

特洛伊木马

一场历时10年，规模宏大，并且由此成就了两大史诗的战争就是特洛伊战争。而两部不朽的史诗就是荷马的《伊利亚特》与《奥德赛》，它们已成为西方文学的源头。可是，这场战争是神话故事还是真实历史呢？

金苹果之争

宙斯的孙子珀琉斯和仙女忒提斯结婚的时候忘记了邀请女神厄里斯。厄里斯是个很小气的女神，于是她想了个诡计来破坏婚礼。她知道婚礼上会有很多美丽的女神，便将一只写着"献给最美丽的女神"的金苹果扔在宴会上。赫拉、雅典娜及阿佛洛狄忒都觉得自己应得到这个苹果，但谁也不服谁，于是3人带着苹果去找特洛伊王子帕里斯做裁决。而帕里斯最后为了得到美女海伦，把金苹果给了阿佛洛狄忒。

帕特农神庙残骸

特洛伊战争的经过

特洛伊王子帕里斯把海伦从希腊带回了特洛伊,但海伦原来的丈夫是希腊国王。希腊国王阿伽门农为了夺回海伦,率领他的军队来到特洛伊。后来,最伟大的希腊战士阿喀琉斯在战场上杀死了特洛伊王子赫克托耳。在《伊利亚特》的最后是讲特洛伊国王普里阿摩斯与阿喀琉斯谈判,请求停战并归还他儿子的尸体。但在《奥德赛》中,故事并没有就此结束。帕里斯为了给哥哥报仇,杀死了希腊勇士阿喀琉斯。此后,希腊人则通过"木马计"潜入特洛伊并最终摧毁了这座城市。

希腊雕塑

是神话还是历史?

从18世纪开始,很多人怀疑特洛伊是否曾发生过战争,甚至还有一些人怀疑荷马的存在,但还有很多人相信特洛伊战争遗址就在小亚细亚东岸的希沙立克。到了19世纪60年代,只有极少数学者相信特洛伊战争是历史事实,相信它发生在希沙立克的人则更少。

但是业余考古学家弗兰克·卡尔弗特与德国富翁海因里希·谢里曼以及谢里曼的助手威廉·德普费尔德,先后在希沙立克发现了古典时期的神殿、一些建筑物和一座城墙。后来,一支美国探险队的成员卡尔·布利根认为,特洛伊的覆灭,可能是由于一场地震所导致的。因为城墙的一部分地基发生了移动,而其他部分则似乎彻底坍塌了,这种破坏不可能是人为的。那么特洛伊战争究竟是真是假? 这一切都淹没在历史的长河中了。

希腊古城遗址

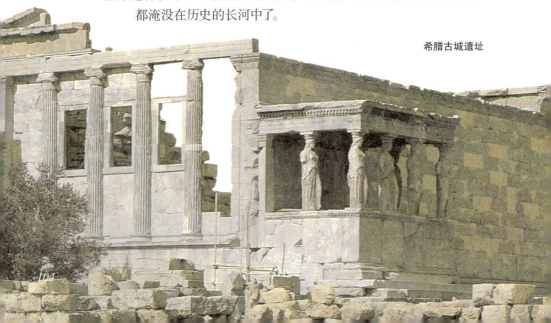

拿破仑之死

NAPOLUN ZHI SI

法兰西第一帝国垮台后，拿破仑被英国人囚禁在圣赫勒拿岛上。他在那里度过了生命中最后的6年，于1821年5月5日去世，当时的尸检结果是胃癌导致拿破仑的死。不过随着时间的流逝，越来越多的证据说明，拿破仑死得蹊跷。

一代枭雄

拿破仑·波拿巴，原名拿破仑·布宛纳，人称奇迹创造者。他是法国近代资产阶级军事家、政治家、数学家、法兰西共和国第一执政、法兰西第一帝国皇帝、意大利国王、莱茵联邦保护人、瑞士联邦仲裁者。

谁下的毒手？

1982年，一个瑞典牙医宣布拿破仑其实是死于慢性砷中毒。据这位牙医透露，他经过近20年的研究发现，拿破仑在患病期间的所有症状和慢性砷中毒的症状完全一致。如果拿破仑真的是死于砷中毒，那么这场阴谋背后的黑手是谁呢？有人怀疑是英国政府，但对于英国人来说，当时的拿破仑已经不具有潜在的威胁了。也有人认为是他的侄子路易·波拿巴，但是谁能证明他曾经派人去下毒害死自己的伯父呢？还有人认为，当时在圣赫勒拿岛上死去的只是一个替身，拿破仑本人已经逃走了。拿破仑的死因到底是什么呢？至今，人们仍在议论纷纷。

拿破仑三世的行宫——隆尚宫

大西洲失落之谜

DAXIZHOU SHILUO ZHI MI

大西洲是古希腊传说中的亚特兰蒂斯王国，传说它有高度发达的文明，富饶宽广的土地，后来由于地震和海啸的缘故消失在大西洋中。然而关于它的存在却使得千百年来无数科学家去追踪探寻。但是至今没有人发现它的真正踪迹。

柏拉图的描述

人们最初知道大西洲是从古希腊哲学家和数学家柏拉图的两篇对话录《克里斯提阿》和《泰密阿斯》开始的，书中这样讲道："9000年前在大西洋有座孤岛，名叫亚特兰蒂斯。面积比利比亚还要大。那里土地肥沃，物产富饶，矿藏丰富，人们冶炼、耕作和建筑。那里的道路通畅，运河纵横交错，对外贸易发达。为攫取更多的财富，他们凭借强大的船队向外扩张，曾一度征服了包括埃及在内的地中海沿岸大片地区。不幸的是，一场毁灭性的地震和随后的海啸，使得整个岛屿包括都市、寺院、道路、运河和全体居民，在顷刻之间沉入海底，消失在滔天的波浪之中……"为了证明大西

洲的真实存在，柏拉图亲自到埃及实地考察，他访问了当地许多有名望的僧侣和祭司，但是，他们也只是听到些传闻罢了。于是大西洲是否存在引发了科学界的争论，有的科学家认为这只是一个传说，而有的科学家却坚信大西洲是真实存在过的。

大西洲不存在?

持否定观点的科学家认为，像利比亚这么大面积的古国，在顷刻间沉没于大海是极端不可思议的事情。从理论上讲，由于地震引起的地壳变化是非常缓慢的过程，不可能一下子吞没那么大面积的陆地。据历史记载，迄今为止因为地震造成地面最大的裂口是1906年旧金山大地震，当时那条裂口也仅能装得下一头母牛。

再从大陆漂移说的理论分析，在很久以前，地球上所有陆地是一个整体，后来分裂成几大板块陆地，这些板块陆地随着海洋漂移分散形成了现在的大陆板块。现在如果把所有大陆板块重新拼接起来，人们会发现原来分裂的板块都能很完美地对接并没有缺少的板块。所以，这也就再次说明大西洲存在的可能性非常小。

疑惑重重

然而，那些相信大西洲真实存在的科学家们也通过研究不断搜索到大量证据。首先，按柏拉图的说法，大西洲的位置大概是在大西洋中心附近，而历史上记载在公元前约1500年，古埃及的锡拉岛上火山喷发确实引发了令人震惊的地震，而且伴随着海啸，它将克里特岛的文明完全摧毁。而克里特岛的位置与大西洲的位置相近。后来考古学家们还在大西洲历史位置附近发现了海下文明古城遗址，这不得不为大西洲确实存在且确实被大海淹没了提供了有效的证据。另外，科学家还在大西洋的外围亚速尔群岛发现了少量的海豹，而海豹是近海动物怎么会出现在海洋中心呢，可见这里曾经是一片近海区域。科学家还在亚速尔群岛上发现有大量野兔，它们来自何方呢？此外，加那利群岛第一次被人们发现时，岛上还没有船只，却有人、牛、山羊和狗，这些又怎么解释呢？这种种疑团又让大西洲的存在成为一种可能。

消失的大漠古城

XIAOSHI DE DAMO GUCHENG

俄国军人科兹洛夫和英国人斯坦因于20世纪初在黑水城发现了大量的西夏文献，并运送出境。这一发现被公认为是继19世纪末、20世纪初殷墟甲骨、敦煌遗书之后的中国第三大考古文献发现。黑水城有很多神秘的故事，其消失原因也是扑朔迷离的。虽然处于沙漠深处，却吸引着很多的爱好者前来一睹它的风采……

黑水城的名字由来

黑水城，位于额济纳河下游的巴丹吉林沙漠的边缘地带，因旁边有黑水河流过，故名黑水城。元代时又称"亦集乃城""哈拉浩特"，为黑色都城之意。西夏十二监军司之一黑山威福司治所。黑水城最初是因额济纳河而得名，额济纳，原是西夏党项族语，意为"黑水"。该河来源于祁连山的雪水。每年，祁连山上融化的部分雪水，都要汇成河流，向北流向内蒙古阿拉善盟的额济纳草原，最后注入最北端的居延海中。这条由雪水汇成的河流，就是古代人称为"黑水"的额济纳河。

神秘的黑水城将军

传说过去黑水城是西夏都城，最后一位君主号称黑将军。他英武盖世，所向无敌，在与汉族争霸中原时，出师不利，退守孤城。中原大军久攻不克，见城外额济纳河流贯其间，便以沙袋塞其上流，断绝城中水源。守城者于城内掘井，至极深而滴水未见。黑将军被迫全力出战，出战前，把所存金银八十余车连同其他珍宝倾入井中，又亲手杀死自己的妻小，以免落入敌手，然后率士卒出战，终因寡不敌众战败身亡。

中原军队攻陷黑水城后，大肆搜寻而未能见到宝藏。关于这段历史还有另外一种说法：黑将军战败后并没有死，而是向东南方向撤退。在距今内蒙古自治区阿拉善左旗巴音浩特不远的地方，曾留下了他的盔甲和战袍。这一有传奇色彩的故事与历史事实相去甚远，但其中藏宝的传说却吸引着不少人。俄国的科兹洛夫就是着迷于神秘的黑水城的人物故事来到此处探险的。

黑水城神秘消失的传说

风沙填埋一座城市也许需要很长的时间，但在当地却流传着这样一个故事：隋朝时，有一天天气显得十分怪异，忙碌的人们虽然在心里嘀咕，但都无暇深究，在沉闷的城中往返穿梭着一个白发苍苍的老人，并高声叫卖他背的枣梨："枣梨！枣梨！"虽然老人叫卖得非常起劲，但由于他的要价太高无人问津，天黑之后，老人出城而去。

当时驻守此城的隋朝大将韩世龙闻听此事觉得十分蹊跷，百般思索之后恍然大悟："枣梨不正是'早离'吗？"遂果断地率领全城军民离开黑水城。果然，在人们离开不久，狂风大作，风沙从天而降，整个城池很快被沙掩埋……这一传说还有史料记载，说韩世龙"去后一夕被沙掩埋"。

被沙掩埋的不仅仅是一个城池，连同黑水城一同沉睡在沙海之中的还有无数珍贵的宝物。相信有一天若对黑水国遗迹进行勘察，终会揭开这个古城神秘消失的原因。

图坦卡蒙死因之谜

TUTANKAMENG SIYIN ZHI MI

公元前1323年的一天晚上，年仅19岁的埃及第十八王朝法老图坦卡蒙离奇地死去了。他到底是不是被谋杀的？这对后人来说是一个难解的谜。

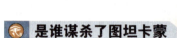 是谁谋杀了图坦卡蒙

1922年，英国考古学家霍华德·卡特和卡纳凡勋爵发现了图坦卡蒙法老的墓穴，据墓穴的考察发现，图坦卡蒙法老生前似乎遭到了不公平的待遇。因为他并没有被安葬在自己精心设计并花费10年时间修建的陵墓里，而是被葬在了另一座简陋而寒酸的墓室，其墓室中的陪葬品要比其他法老墓室中的器物相对少得多，甚至有从别处搬来的"二手货"。

1968年，科学家对图坦卡蒙的木乃伊做了一次X光透视检查，结果令人大吃一惊，木乃伊的头颅中有一块移位的碎骨，颅骨后面仿佛有瘀血凝结，像是受到重击后的损伤一样。更可疑的是，他的颈骨有骨折的迹象。这些线索似乎在说明图坦卡蒙死于谋杀。那么到底是谁谋杀了法老呢？

第一嫌疑人：新任法老伊特努特·阿伊

有人认为图坦卡蒙死后，伊特努特·阿伊，也就是图坦卡蒙和王后安克赫娜蒙的外祖父继任了法老宝座，并娶了自己的外孙女安克赫娜蒙为王后。所以新任法老的嫌疑最大。但问题是，以阿伊的老练，他怎么可能会在杀死自己的外孙之后，那么急不可待地登上王位呢？那不是把自己完全暴露了吗？更何况他已年入暮年，继任王位不过三年就一命归西了。说他是凶手，真让人有点儿难以相信。

第二嫌疑人：司库马亚

那么排除了阿伊，最有可能是杀死图坦卡蒙的凶手就是司库马亚了，身为司库他更有机会接近法老，且如果马亚做了违法的事情，可能会激怒法老，因此借机将法老杀害。但是从史

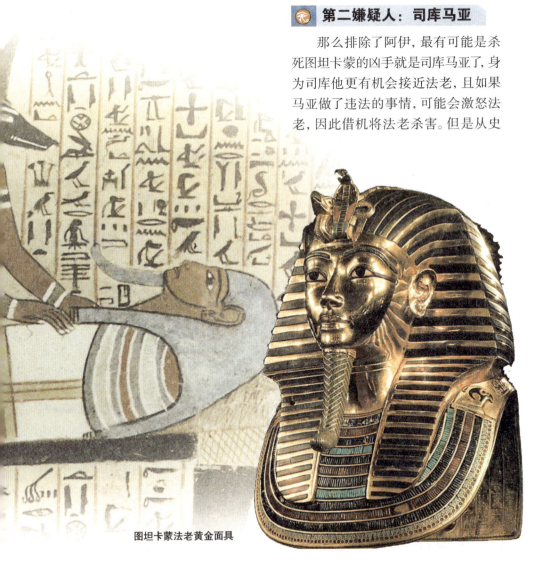

图坦卡蒙法老黄金面具

料记载看，图坦卡蒙死后，司库马亚并没有被追究责任，相反，他跟图坦卡蒙的感情极好，就连法老陵墓被盗也是他命人重新修葺并封闭的。这样说来，凶手是马亚的可能性极小。

第三嫌疑人：王后安克赫娜蒙

那么会不会是王后安克赫娜蒙杀害了法老呢？小夫妻间发生摩擦，使得她谋杀亲夫？从种种迹象来看，好像也不太可能。因为随图坦卡蒙一起安葬的还有两具婴儿木乃伊，据分析可能是图坦卡蒙和安克赫娜蒙夭折的孩子。与父亲安眠在一起，这种合葬方式代表着家庭关系极好。另外，在图坦卡蒙木乃伊身边还摆放着王后送给丈夫的花环，这应该是王后给丈夫的最后一件爱情信物。这击破了王后是凶手的说法。

最大嫌疑人：执掌军权的大将军荷伦希布

研究者发现在图坦卡蒙死后不久，曾有一封由埃及送往赫梯王国的书信。信上写着，国王的遗孀希望赫梯国王撒皮鲁流马士一世能够选择他的一位王子前来做她的丈夫和埃及国王，不然的话，国王的遗孀有可能被迫下嫁"仆人"。然而这桩婚事并没有成功。当赫梯王子赞纳扎带领着庞大的随从队伍南下埃及时，他和他的部属都离奇地消失在了沙漠中。肯定是有人除掉了他们，最后的疑点落在了荷伦希布身上。

第一，荷伦希布与图坦卡蒙独处的机会很多，这为他杀害法老制造了有利的机会。第二，图坦卡蒙死后，他并没有急于登上宝座，这很可能是怕自己暴露在风口浪尖上。第三，在荷伦希布继任法老之后，他把阿肯那顿和纳芙蒂蒂以及图坦卡蒙的画像从全埃及境内的神庙壁画上铲掉，并且改建了图坦卡蒙加冕地卡纳克神庙，将属于图坦卡蒙的记载都抹去。尤其令人不能接受的是，他甚至把皇族世系表中阿孟特普三世（阿肯那顿之父、图坦卡蒙之祖父）后的法老都统统剔除，把自己直接放在了阿孟特普三世名字的后面，由此可见他的野心，他是早有预谋的，说他谋杀了图坦卡蒙一点儿都不奇怪。

埃及艳后谜样人生

AIJI YAN HOU MI YANG RENSHENG

古埃及托勒密王朝的女王克利奥帕特拉七世，即后世人们所称的"埃及艳后"，传说她美丽妖艳，智慧超群，政治手段高明，是一位极具传奇色彩的人物。然而关于她一生当中的许多谜题至今令后人捉摸不透。

艳后的传奇人生

公元前48年，美艳的古托勒密王朝的女王克利奥帕特拉七世，为了争夺自己在埃及的统治权力，她将自己当作礼物送给了当时拥有广阔帝国的古罗马统帅恺撒将军。因此，她不仅保住了埃及，还成了恺撒的情人，并为恺撒生了一个儿子。后来，恺撒惨遭刺杀，不治身亡。克利奥帕特拉失去了强大的依托。

恺撒死后，他的养子屋大维及属下马克·安东尼分别统治了古罗马帝国的西部和东部。此时，美艳的克利奥帕特拉再次凭借美貌及智慧投身到安东尼的怀抱，保住了自己的王位及势力。使弱小的埃及免受战火的侵袭。

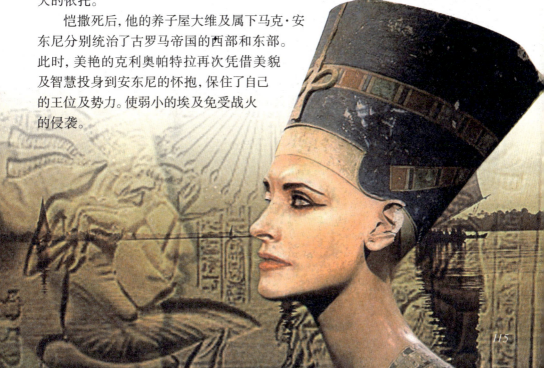

公元前31年，安东尼与屋大维为争夺罗马统治权力，在亚克兴展开了大海战，克利奥帕特拉出兵支持安东尼。然而，在安东尼舰队受挫之时，克利奥帕特拉突然率领她的60艘战舰撤离战场，驶回埃及的亚历山大城。因此，安东尼在这场战役中惨遭失败。一年后，屋大维攻破了埃及占领了亚历山大城，安东尼自杀，克利奥帕特拉也被囚禁在皇宫里。

此后，克利奥帕特拉想要再一次用自己的魅力征服屋大维，保全自己的王位及势利。可是野心勃勃的屋大维根本不为所动。克利奥帕特拉万念俱灰，绝望地自杀了。不过，她的魅力并没有随着她的死亡而消失，她谜一样的人生吸引着后人们探讨研究。

谜题一：为何在与屋大维的那场海战中临阵脱逃

首先，令人感到困惑的是，克利奥帕特拉为什么在安东尼与屋大维的那场海战中临阵脱逃了呢？她到底出于什么目的？有人说，她想考验安东尼对她的爱情，也有人说她是害怕战争失败。但是从她女王的性格和战争的结果来看，这种猜测不成立。又有人说，她是想坐观安东尼与屋大维两虎相斗，以谋取自己的政治资本，却没

埃及艳后像

有料到痴情的安东尼会有此一举，最后只能自食其果。这种猜测虽然有些道理，但却无从证明。

谜题二：到底是不是自杀

　　有关克利奥帕特拉的死因也一直备受争议。记录她用毒蛇自杀的叙述是出自公元1世纪希腊的一个传记作家普鲁塔克的名人传记中，但这位作家是在埃及艳后死去75年后才出生的。所以他的叙述不足为信。而历史上关于克利奥帕特拉本人的文献资料少之又少，关于女王的真实的死因也无从考证。

　　也有人认为克利奥帕特拉是被屋大维杀死的。因为屋大维想要统治罗马，但又担心克利奥帕特拉以及她和恺撒大帝所生的儿子会对自己有威胁，于是先杀死了小恺撒，然后除掉了克利奥帕特拉，再制造她自杀的假象，以掩人耳目。克利奥帕特拉真实的死因到底是什么？至今仍然是一个谜。

建造石像的民族去哪里了

JIANZAO SHIXIANG DE MINZU QU NALI LE

1722年4月5日荷兰航海家雅可布·洛加文在智利发现了一个小岛——复活节岛，岛上一片荒凉，几乎渺无人烟，奇怪的是岛上却有很多巨人石像，那建造这些石像的居民到哪里去了呢？他们为什么消失了呢？

神秘居民为何消失了呢？

为了弄清楚这个问题，科学家经过考察并从岛上老人那里收集到大量的传说和故事。其中一个传说：建造这些石像的拉帕努伊人是因为不间断地建造石像——莫阿伊，耗尽了岛上的自然资源而消亡

复活节岛上的石像

的。那么他们又为什么要如此痴迷地建造这些石像呢？以至于将岛上的所有资源耗尽导致自己的灭亡呢？

为什么要制造石像？

为了弄清小岛上曾经高度发达的文明消亡的原因，美国科学家亨特在岛上度过了不止一个野外考察季节，搜集到了大量的证据。他认为500年前，波利西尼亚人很可能为逃避部落间的冲突和战争来这里寻找新的栖身之地，他们带来了生活的必需品，有家畜和各种农作物的种子。由于这里土壤肥沃再加上人民的勤劳，岛上的居民生活很富足，人口不断增加。后来，形成了多个部落，每个部落都有自己的头领，而且还有祭司。再后来，各部落之间发生纷争，每个部落和它的祭司都想让自己的部落强于其他的部落。为了证明自己的实力，也为了恐吓敌人，大家都争相建造石像。哪个部落建的石像大，就证明它实力强。

建造石像，灾难的开始

其实，早在波利西尼亚人来到岛上之前，这里就覆盖着浓密的亚热带森林，到处长满了各种各样的树、灌木和野草，绝大多数是一种现在岛上已经绝迹的棕榈树。这种棕榈树同智利的高达25米、直径达180厘米的酒棕榈有亲缘关系。后来，各个部落为争相建造比别的部落更大的石像，并且需要将这些庞然大物运输到十几公里外的地方，所以各部落的居民不得不砍伐这些高大的树木来制造巨大石像的运输工具。

接踵而来的灾难

大量的树木被砍光之后，接踵而来的是灾荒年代。除了岛上居民大量砍伐棕榈树之外，波利西尼亚人带到岛上来的老鼠把种子都吃掉了，极大地影响了粮食作物的产量。等岛上只剩下一小块棕榈林，拉帕努伊人就再找不到原材料来建造渔船，捕鱼也就发生了困难。没有了好的环境，候鸟也不愿再到岛上来栖息，这就使得当地飞禽

的种类也急剧减少。

　　拉帕努伊人为了养家糊口，开始利用带草的土壤表层。由于没有了树木，风雨加速了破坏土壤肥沃层的进程，土壤贫瘠化开始了。岛上开始出现纷争与混乱，人食人的现象也多了起来。后来，当欧洲人来到这个岛上的时候，岛上的居民仍然热情地对待客人，同他们分享为数不多的食物，可并没料到自己已处在灾难边缘。这些欧洲航海家带来了鼠疫、斑疹伤寒和天花，疾病夺去了岛上90%居民的生命……

　　当然，以上所说还需经科学界最后证实，还不能完全断定拉帕努伊人就是因此而消亡的。

另一种消失的可能

　　俄罗斯科学院人类学和民族学博物馆资深科研人员伊林娜·费奥多罗娃认为，在一些老地图上，复活节岛周围还有其他一些岛屿，口头传说中都说这些岛屿是慢慢沉到水底下的。所以，为了得出正确结论，有必要对所有假设进行一番验证。而且，由于众多历史学家和语言学家仍在不懈地探索、求证，对复活节岛文明的研究必将会出现新的成果。

Part 5
第五章

疯狂的自然异象

闪电"摄影"之谜

SHANDIAN "SHEYING" ZHI MI

说 起闪电，人们总会想到电闪雷鸣，狂风大作，随之而来的便是雷雨，因此我们把闪电称为雷雨的先行官。但是，你知道吗，也许闪电还有另一种本领，一种你未曾知晓的本领，那就是"摄影"。

🔆 阿莫斯头上的猫影

　　1976年夏季的一天中午，天空乌云密布，狂风大作，眼看一场暴风雨就要降临。美国密歇根州的农民阿莫斯正在院子里收拾东西，不知从哪里来的几只黑猫在院里狂叫不止，阿莫斯心烦意乱，抄起棍子朝那群黑猫挥去。就在此时，一道闪电从天空划过，朝着四处逃散的猫劈了下去。几只黑猫惨叫一声倒地而亡，阿莫斯也感到电流从头顶穿过，幸运的是他逃过了这场劫难。

　　当阿莫斯踉跄着回到屋中的时

候，他全身的衣服都已经开裂，腿脚都露在外面。原本光洁干净的光头上竟然出现了一只大黑猫的影像，这只大黑猫张着大嘴，露出两排尖利的牙齿，看起来狰狞恐怖。阿莫斯的妻子吓了一跳，她拿过镜子来给他看，阿莫斯也愣住了，这不是刚才他想要赶走的猫当中的一只吗？它怎么会在自己的头顶上？更奇怪的是，这个黑猫的影像无论用什么方法也清洗不掉，直到第二天中午才慢慢消失不见了。

🦅 离奇的闪电摄影

类似闪电摄影的事件不断发生。1892年7月19日，两个黑人在美国宾夕法尼亚州被闪电击死。当时他们在公园的一棵树下避雨。当人们为一具尸体脱下衣服时，看到了令人惊奇的景象：死者前胸上留下了闪电发生地点的影像，并且非常清晰。上面有一片略带棕色的橡树叶以及藏在草中的羊齿叶，树叶的影像十分清晰，用肉眼就可以看清其细小的筋络。

还有，在1957年，美国一位牧场女工在雷电中工作，忽然一道闪电划过，巨雷一响，她感到胸部骤然作痛，解开上衣一看，竟然有一头牛的影像印在她胸前。

🦅 为什么闪电会"摄像"？

一般闪电所"摄"下的影像都是当事人所处地点附近的景物。所以有人认为，下雨时，当事人所处的特殊环境相当于摄影棚，而闪电起了"透视"作用。如果真的是这样的话，那么闪电具体是怎么摄像的呢？此外，闪电"摄影"对摄影对象是否有选择性？为什么这些影像能穿透衣服印在人体上？这些仍是至今未能解开的谜。

太平洋上的怪云之谜

TAIPING YANG SHANG DE GUAI YUN ZHI MI

1984年4月9日22点左右，日本航空公司的飞机在从新东京国际机场飞往美国阿拉斯加州的安格治的途中遭遇了骇人听闻的一幕，太平洋上空惊现奇怪并疑似危害性云团。这一事件引起了很多人的恐慌，也曾轰动整个世界。

怪云惊现

　　据报道称，这架从日本飞往美国阿拉斯加州的飞机在途经太平洋上空时，飞行员小平久幸透过飞机前方的玻璃看到前方突现一朵巨大的云，上端呈半球状，中、下部

火山喷发形成的云团

呈直柱状，就像一朵硕大无比的蘑菇，上下高度至少有1万米！更可怕的是，这朵云并非固定不变，它正迅速地扩散开来，坐在飞机座舱里的乘客也发现了这一奇景。不一会儿，扩散的云雾包围了飞机，顿时引起了乘客们的骚动。

小平久幸有些慌乱，他见那朵云彩居然闪现出了些许明亮的蓝白色光芒。他的脑海中像回放电影片段一样，迅速闪出了自己见过的各种各样的云。不一会儿，他理智地做出判断——这绝对不是普通的积云，很有可能是核试验后产生的原子云！于是，他立刻向机长报告了情况。

机长也发现了那朵奇特的怪云，他立刻下令改变飞机航线以避开那朵庞大的怪云。

就在当天晚上，一架从荷兰飞往同地的航班乘务人员也看到了这朵奇怪的云，而且他们分别在当夜的22时30分和22时45分看见了两次。另外，还有两架前往安格治的飞机也在当夜目击了这个酷似原子云的硕大云朵。

这4架班机的乘务员在目击了怪云之后，都及时通过无线电向安格治机场的管制塔做了报告。管制塔的人员收到4份相同的报告，十分震惊，鉴于事态的严重性，他们立刻向有关部门汇报了此事。这4架飞机所遭遇的会不会真的是原子云呢？如果是，飞机上的人肯定都已经遭到了致命的核辐射。

难道真的是原子云？

奇怪的巨云现象很快引起了当局的高度警惕，他们立即让机场管制塔的值班人员通知那4架飞机改在安格治的美军空军基地降落，并且不准任何人离开飞机，以便对他们进行放射性污染的检查。

就这样，4架飞机陆续降落到美军空军基地，安格治当局派来的检查人员穿着防辐射服，在第一时间分别对4架飞机及全体乘客、机组人员进行了严密细致的检查。幸运的是，检查结果让所有人都松了口气，因为无论是对机舱内空气的取样化验，还是对乘客、机组人员的全身检查，都没有发现任何放射性污染的痕迹。安格治当局随后宣布，目击者们所看到的巨大蘑菇云并非核试验所产生的原子云。

不是原子云，难道是自然现象?

可是，大家心中的疑团并没有解开，如果那
硕大的怪云不是原子云，那它到底是怎么产生的
呢? 那架日本飞机的机长十分肯定地说:"自然的
云彩绝不可能扩散成那种形状，除了强烈的爆炸
物爆炸外，没有其他可能。"但根据相关调查，4月9

核试验蘑菇云

日当天，在蘑菇云出现的那一带海域并没有任何军队进行过军事演习。

那有没有可能是自然界出现了异常情况呢? 因为在近地面所形成的积云也偶
尔会发展得很厚，但是答案是否定的。根据气象局观测，当天附近海域没有任何
异常的自然迹象，卫星云图所显示的气象状况也非常稳定，不可能出现如此庞大
的积云。

事后，日本航空自卫队对此事进行了详细的调查，他们在现场收集到了一些奇特
的尘埃，不过最终并没有给出合理的解释。

探秘地光成因

TANMI DIGUANG CHENGYIN

地光是一种奇异的自然现象，常伴随着地震而来，因此被看成是地震的先兆，一般持续时间为几秒到数分钟不等，非常醒目。其表现形式因地震类型和地点的不同而不同，有的蓝里带白，很像电焊火花；有的红如朝霞，映满天空；有的好似一团火球，沿着地面翻滚；有的则像条光带，划破长空……

🜏 地震的先兆

2008年5月12日13时58分至14时02分，甘肃省天水市南郭寺上空出现了一片奇幻的地光。地光呈莲花形状，最初是粉、黄、绿三种颜色相间，最后逐渐变白。人们觉得新奇，以为这是太阳光折射形成的，便给它录像拍照。然而，令人想不到的是，奇幻的地光之后是令人惊恐的天塌地陷。

26分钟之后，也就是2008年5月12日14时28分，四川省汶川县发生8.0级大地震，波及甘肃、陕西、河南等省市，直接经济损失达上千亿元。就在人们为那些死去的生命扼腕叹息、潸然泪下的时候，有人发现，其实在地震发生前，神奇的地光就已向人们发出了预警，只是当时人们并不以为然。

　　1975年2月4日19时左右，一列火车从大连开往北京。当时天色已暗，柔和的光线，平稳的车速，让人昏昏欲睡。就在列车快要行驶到辽宁海城的时候，司机突然发现列车前方有大片紫红色的耀眼亮光，顶部呈圆弧形，照亮了一大片黑暗。经验老到的司机见此情景，脑海中马上闪现出一个念头——地光! 他的大脑飞速地转动："地光的出现意味着要有地震发生，如果我们继续前行，很可能面临车毁人亡的险境。如果和上级汇报，又怕来不及。干脆我先紧急停车，保住人的生命最重要。"想到这里，司机按下了刹车，列车徐徐而止。

　　果然，19时36分，辽宁省海城、营口一带发生了7.3级的强烈地震。司机的果断决定挽救了一车人的生命。

🌐 地震时为什么会产生地光呢?

　　有一种说法认为，当地震将要发生时，由于地下岩石发生破裂、错断，岩石间的相对摩擦滑动会产生一种电磁效应，从而造成一个较大范围的放电现象，并沿着断裂缝隙通向大气层，在低空引起大气电离和发光现象。

　　加利福尼亚大学物理学家弗里德曼·弗罗因德则认为：地震前，地面的岩石受到过大的压力，致岩石发生电离，一些电荷就会到达岩石表面，聚集在一起，产生奇怪的发光现象。还有人认为，地震时地面上的空气在一些因素的作用下放电，从而产生发光现象。

只要地光出现就会发生地震吗？

　　然而，不是所有地震都出现地光，同样，地光出现不一定就会发生地震。在我国广西壮族自治区隆安县附近有座小山，从20世纪80年代中期开始，每年冬季山上就会出现环状的光芒，然而人一走到山脚下它就不见了。这说明，地光产生的原因相当复杂，不能一概而论。

你 知 道 吗
NI ZHIDAO MA

　　地光出现的时间大多与地震同时，但也有在震前几小时和震后短时间内出现的。1965～1967年，在日本松代地震期间，人们留下了难得的地光照片。中国1975年辽宁海城地震和1976年河北唐山地震，震前的地光现象也都非常明显。所以地光的来临，往往预示着地震很快就要发生了，如果此时能够迅速果断地采取一些措施，是有可能减少地震灾害带来的损失的。

湄公河上的神奇火球

MEIGONG HE SHANG DE SHENQI HUOQIU

泰国典型建筑

每年10月的第一个月圆之日，泰国湄公河里总会莫名其妙地跳出来一些火球，这种奇怪的现象吸引了成千上万的人前来围观。这是世界上有完整记录但无法解释的现象之一。

无法解释的超自然现象

在湄公河岸，人们每年10月第一个满月之夜都能看到成千上万个火球从河里蹦出来，然后加速上升直至消失。它们的颜色为淡红色，大小像鸡蛋一样。火球的出现时间正好与当地居民的传统斋戒时间不谋而合，因而引起人们许多猜测。

来自依开的一位医生玛纳斯·坎诺克森认为火球是由于河底的沉淀物发酵产生沼气，沼气浮出水面时产生火花形成的。意大利的化学家也认为这是由物体腐烂产生的气体所引起的。

但是也有其他一些研究人员反对这种观点，他们认为河底并没有太多的沉淀物，并且沼气会在浮出水面之前被水溶解。所有的这一切还是个谜。

深不可测的无底洞

SHEN BU KE CE DE WUDIDONG

大千世界，无奇不有。宇宙中有深不见底的"黑洞"，地球上有没有类似的"无底洞"呢？这个假设引起了很多科学家的兴趣。然而出人意料的是，地球上还真的有这么一个深不可测的无底洞。

🌼 没有出口的无底洞

地中海东部希腊凯法利尼亚岛上的亚各斯古城的海滨，有一个似乎找不到出口的洞。据当地居民常年观察，每当涨潮的时候，汹涌的海水就会排山倒海一样涌进该洞里，水流非常湍急。据科学家推测，每天流进这个无底洞里的海水超过了3万吨，却一直都没有把它灌满。一开始，科学家猜想，这个深不可测的洞是不是属于类似石灰

岩地区的喀斯特洞穴呢？比如漏斗、竖井或者落水洞。不过，喀斯特洞穴往往都伴有一个出口，进入洞里的水会顺着出口流出去。然而，亚各斯古城的这个无底洞却从没有见到过从洞里流出的水。

寻找无底洞的出口

为了揭开无底洞出口之谜，1958年，美国地理学会派遣了一支考察队到亚各斯古城海滨进行实地考察。起初，他们把一种经久不褪色的深色染料在涨潮前撒到海水里，当涨潮时带有染料的海水就会流进无底洞里。然后，他们分头寻找，只要在附近的任何海面和岛上各处河流、湖泊发现有带深色染料的海水，答案就会揭晓。然而，寻找的结果是让大家失望的，他们找遍了整个海滨及河流、湖泊，都没有发现有染料的海水。这是怎么回事儿？深色染料是被海水溶解了，还是沉到海底去了？

科学家们并没有就此放弃，他们又重新制造出一种质量比海水轻，性质稳定，既能够漂浮在海水上面又极不容易被溶解的浅玫瑰色的塑料粒子。他们把这种粒子倒进海水里，看着它们顺着海水流进无底洞。他们期待着这个方式会有效，但是结果还是令人失望的，他们并没有在任何地方找到带有这种粒子的海水。难道这个无底洞真的没有出口吗？

它到底有没有出口？

地球是一个椭球体，从它的内部构造来讲，地球是一个由地壳、地幔和地核三个圈层组成的实心体。也就是说，从理论上讲，地球上是不可能有什么无底洞的。可是这个希腊的无底洞又的的确确存在着，那些流进洞里的海水到底流向了何处？它到底有没有出口？如果有，它的出口又在哪里？直到现在，科学家们都没有找到答案。

神秘的人体悬浮术

SHENMI DE RENTI XUANFU SHU

我们看过《西游记》中的孙悟空会腾云驾雾，见过武侠电影里的人物可以施展轻功飞檐走壁，可是你见过真实世界里的腾空而起的神秘仙术吗？下面我们来一起探寻一下神奇的悬浮术之谜。

🐉 神奇的悬浮事件

对于悬浮事件，其实很多人都不相信，但是在现实生活中，却真的有人亲眼见过甚至亲身经历过这样的悬浮事件。

1910年英国著名的探险家彼得·亚巴尔到缅甸丛林探险，他在一座边远山区的大寺院借宿时目睹了一位修行的老僧在寺院门前静坐十多分钟之后，身体慢慢升空，绕着深山丛林上空飘了一圈，然后才慢慢落地。彼得·亚巴尔感到太神奇了，于是他用

照相机将这不可思议的现象拍了下来，回国后将照片发表在英国的《卫报》上。

另一位法国探险家欧文·罗亚尼在喜马拉雅山一带探险时，曾邀请一位西藏喇嘛做他的向导。在雪山中他亲眼看见这位西藏喇嘛能够很轻松地在积雪上行走，并且不留下任何痕迹，而欧文每走一步，脚就会深陷在厚厚的积雪中。更令他感到吃惊的是，在他们要翻越深二百多米、宽一百多米的康尔尼峡谷时，这位喇嘛竟然将他背在身上，腾空飞过了峡谷。这一奇遇让欧文感到万分惊喜，他把这位藏人喇嘛随风飘浮的照片登在《巴黎时报》上，想要同所有人分享他的奇遇，但是很多人并不相信他所说的，认为这是"天方夜谭"。

还有俄罗斯的一个名叫恩迪科特–努瑞什斯基的男子，有一次跳入河中去救一个落水的男孩儿，但是当他们回到岸上的时候，人们发现恩迪科特的

全身都是干的，一点水迹都没有。这时恩迪科特才意识到他刚刚是在水面上奔跑，但是到底为什么会这样，他自己也解释不清楚。其实，这样的悬浮事件早在两千年前就出现过。据记载，印度古时的佛教高僧们就是利用腾空而起的悬浮术在巨大的岩石上绘制了恒河流域的曼达尔平原的高空鸟瞰图。

难解的悬浮术

虽然人们想用真实事件说明人体悬浮术的真实存在，但是科学家们经过多年研究仍然对它的形成原理无法做出合理的解释。按物理的角

度分析，悬浮术应该是人体克服了地心的引力而悬浮起来的，但是这些人又是利用什么能力克服地心引力的呢？也有人推测，人之所以能飘起来是因为人的意念把比人还重的空气聚集在一起，人自然就飘浮起来了，但仅是推测而已。当然，也有人仍然怀疑悬浮术其实就是借助外力或小道具，甚至是运用了一些小魔术使人产生幻觉所致。但到底人为何能悬浮在空中，仍然找不到答案。

悬浮术虽然对现代科学而言是一个未解之谜，但是对于真正修炼到可以腾空飞翔的修行人来说却并不神秘。相反，"人体悬浮"对他们来说是有理有据的，有具体详细的修炼方法的。据一位修炼多年的悬浮者说："修炼悬浮术必须要经过严格的精神训练，只有精神高度集中，才能把人体内潜藏的巨大魔力解放出来。"但是这一回答仍然无法消除人们对悬浮术的疑问。

神秘的悬浮人

据历史记载，许多悬浮现象频繁地发生在一些修炼多年的教徒或巫师身上，仅天主教记载懂悬浮术的人就有300多人。最令人奇怪的是，这些懂得悬浮术的人通常情况下都隐居在深山大泽中，他们从不愿展示自己，过着与世隔绝的生活。他们的行为方式及逻辑思维与现代社会格格不入，让他们讲解此功是如何练成的就更困难了。

你 知 道 吗
NI ZHIDAO MA

世界上有关人体飘浮的记录中最闻名的人叫休姆。他拥有40年公开表演"人体飘浮"的记录，其中最高的飘浮记录为离地面24米。这种异能也为他赢得了"最伟大的超人"的美誉。

1986年，美国华盛顿曾进行了一场瑜伽修行者飞行大赛，大约20名瑜伽修行者前来参赛。他们当中飘浮在空中的高度最低也有0.6米，最高可达到1.8米。

Part 6
第六章
最令人困惑的未解之谜

UFO 之谜

UFO ZHI MI

近百年来，全球已有无数例关于不明飞行物（UFO）的记录，人们没有发现一例可以证明外星文明存在的确凿证据。但是，UFO仍然像谜一样吸引着无数的爱好者去探究和发现……

世界上第一个目睹UFO的人

1947年夏，美国人肯尼斯·阿诺德乘飞机在华盛顿上空飞行时，发现了几个直径为30多米的碟状飞行物。它们闪闪发光，在空中忽高忽低，发出绿莹莹的光芒，由北向南飞去。肯尼斯·阿诺德可能是世界上第一个目睹UFO的人。

触目惊心的"亲密接触"

罗威是美国内华达州一个超级市场的守卫。1988年2月16日的晚上，他同平时一样，看完电视后到商场外例行巡视，可是这一天他却惊喜地发现草坪中央停着一个小型飞行器。这个飞行器像茶壶盖子一样扣在地上，一圈小窗泛出橘黄色的光。好奇心促使罗威鼓足勇气走了上去。这时，黑暗中突然闪出两个穿宽松绿衫的"影子"。刚开始罗威以为是小偷，但他定睛一看，才发现他们没有鼻子、嘴巴，脸上只有一条类似眼睛的缝，在嘴的位置有一个小绿管伸进衣服里。此情此景将罗威吓得魂不附体，等他清醒过来后，飞行器早已远走高飞了，只留下了一片半径接近3米的被烤焦的草坪。

谣言不断

很多关于UFO与外星人的事件都是人们编造出来的，比如下面的事件：

2007年5月份，墨西哥电视台曾经报道了一起令人难以置信的事件：一个活生生的"外星婴儿"被一个农场的动物陷阱捕获，并被惊恐至极的农场主人溺死。过了很久，农场主人才愿意将这个生物移交当地大学进行科学研究，并且进行DNA比较分析和CT研究。据称，当时农场的农民发现这个外星婴儿陷在陷阱中，并且发出喊叫。出于恐惧，他们试图将其溺死。他们这样尝试了3次才成功。

这个事件曾轰动一时，不过最后被认定是一则虚假报道。

截击机的遭遇

1976年9月19日凌晨，一架伊朗截击机在位于德黑兰以北大约74千米的空中遭遇不明飞行物。由于不明飞行物所闪出的光非常强烈，所以在约130千米以外，它便能被看得一清二楚。当这架飞机靠近到距离那个不明飞行物37千米时，该飞机上的信号系统和监控设备突然失灵了。这时，飞行员不得不返回

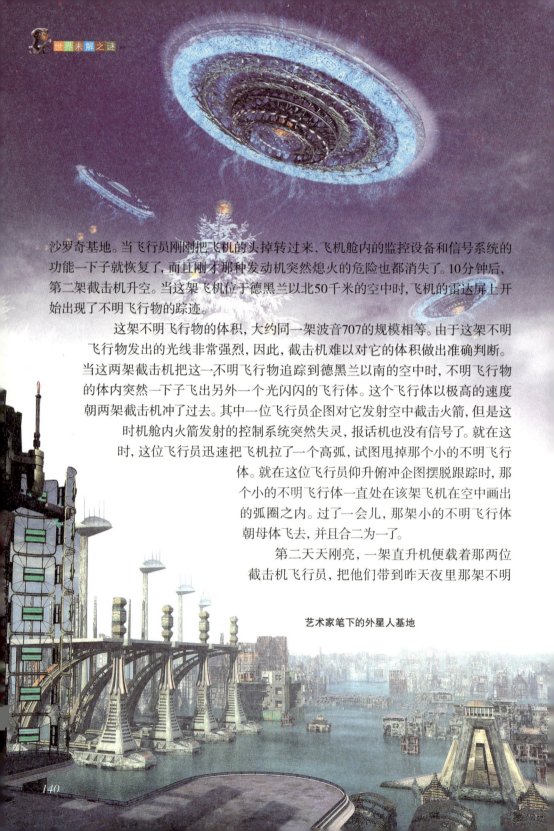

沙罗奇基地。当飞行员刚刚把飞机的头掉转过来,飞机舱内的监控设备和信号系统的功能一下子就恢复了,而且刚才那种发动机突然熄火的危险也都消失了。10分钟后,第二架截击机升空。当这架飞机位于德黑兰以北50千米的空中时,飞机的雷达屏上开始出现了不明飞行物的踪迹。

这架不明飞行物的体积,大约同一架波音707的规模相等。由于这架不明飞行物发出的光线非常强烈,因此,截击机难以对它的体积做出准确判断。当这两架截击机把这一不明飞行物追踪到德黑兰以南的空中时,不明飞行物的体内突然一下子飞出另外一个光闪闪的飞行体。这个飞行体以极高的速度朝两架截击机冲了过去。其中一位飞行员企图对它发射空中截击火箭,但是这时机舱内火箭发射的控制系统突然失灵,报话机也没有信号了。就在这时,这位飞行员迅速把飞机拉了一个高弧,试图甩掉那个小的不明飞行体。就在这位飞行员仰升俯冲企图摆脱跟踪时,那个小的不明飞行体一直处在该架飞机在空中画出的弧圈之内。过了一会儿,那架小的不明飞行体朝母体飞去,并且合二为一了。

第二天天刚亮,一架直升机便载着那两位截击机飞行员,把他们带到昨天夜里那架不明

艺术家笔下的外星人基地

飞行物极可能降落的地点。在那里，除了发现一段被怀疑有可能是那个不明飞行物着陆点的枯水河床外，他们再没有发现其他与之有关的东西。

牵强的解释

面对这神秘的空中之谜，全世界群起探索，众说纷纭。人们争论的焦点，概括地说就是UFO是否真的存在和UFO究竟是什么。一种观点认为UFO根本就不存在，所谓目击现象不过是一种"幻觉"或"错觉"。目击者看到的可能是天文、大气现象，如流星、球状闪电、地震光、海市蜃楼、雷达目标，以及飞机、人造卫星和其他飞行器、气球、降落伞等。还有人认为UFO是蝴蝶群！

真是外星人的飞行器？

尽管许多人热衷于把UFO描绘成地外智慧生物的飞行器，但实际上这仅仅是一种猜测，目前谁也拿不出一点点能够说服人的证据，许多目击者的报告以及报纸上的报道，都经不起科学的推敲。因而UFO究竟是什么东西，也就成了当今世界的奇谜之一。

尼斯湖水怪之谜

NISI HU SHUIGUAI ZHI MI

尼斯湖是英国内陆最大的淡水湖，虽然它不是世界上最大的湖，也不是最深的湖，更不是风景最美的湖，但它的知名度却在国际上首屈一指，其主要原因在于可能生活在湖中的水怪。

遗憾：威尔逊造了假

1934年4月，伦敦医生威尔逊偶然中用相机拍下了水怪的样子。照片中的水怪长着长长的脖子和扁小的头部，看上去完全不像已知的任何一种水生动物，却很像早在7000多万年前就已灭绝的巨大爬行动物——蛇颈龙。

这张照片刊登出来之后立刻引起了世界轰动。遗憾的是，这张照片被很多人证实是假的，威尔逊本人在晚年也承认这张照片是他伪造的。不过，这并不能说明尼斯湖水怪不存在。

怀疑：如果真有水怪，为啥总是抓不到它？

1972年，科学家利用水下摄影机拍到了一个2米长的菱形鳍状肢附在一个巨大的生物体上的图像，同时声呐仪也探测到

了巨大生物体在湖中移动的信息。1975年6月，科学家在尼斯湖拍下了更多的照片并得出结论："尼斯湖中的确有一种大型的未知水生动物。"这个结论促使英美联合组织大型考察队奔赴尼斯湖，企图将水怪一举捕获，但最后连水怪的影子也没见到。

另一种观点：尼斯湖水怪不是动物而是松树

由于追捕水怪的失败，否定水怪存在的观点又流行起来。一位退休的电子工程师在英国《新科学家》杂志上撰文称，尼斯湖水怪并不是动物，而是古代的松树。

他说，一万多年前，尼斯湖附近长着许多松树。冰期结束时湖水上涨，许多松树沉入湖底。由于水的压力，树干内的树脂排到树体表面，而由此产生的气体排不出来，这些松树有时就会浮出水面，在水面上释放出一些气体后又沉入水底。这在远处的人看来，就像是水怪的头颈和身体。

最新进展：尼斯湖水怪可能是巨型海鳗

2008年4月，两条巨大的鳗鱼尸体漂在尼斯湖湖面上，后被渔民捞起，其中一条体长达到2米。几天后，一个小男孩在尼斯湖湖边捡到了一枚足有巴掌大小的鱼鳞，英国一名鱼类专家花高价把这枚鱼鳞买了下来。经过仔细研究，专家发现，这是一条存活100年以上、体长最少15米的巨型海鳗的鳞片。于是，很多人开始怀疑所谓的尼斯湖水怪就是这些巨型海鳗。但是，尼斯湖中的水怪到底是什么，至今仍无定论。

秦始皇兵马俑之谜

QINSHIHUANG BINGMAYONG ZHI MI

1974年3月29日，陕西省西安市临潼县（现改为临潼区）西杨村的农民在打井时挖出了秦俑的陶片，从此，临潼以东的骊山脚下便发生了翻天覆地的变化。人们在那里发现的，就是被称为"世界第八大奇迹"的秦始皇陵兵马俑。如今，30多年过去了，在这些世所罕见的兵马俑身上仍然存在着许多未解之谜。

兵俑

为什么没有统帅俑？

考古人员发现这些陶俑无论是步兵、弩兵、骑兵、车兵，都属武士俑，却没有一个统帅俑。这是为什么呢？有人认为，可能是根据秦制，每次出征前由秦王指定一名将帅任统帅。而修建作为指挥部的3号坑时，将帅还未任命，工匠们不敢随意塑造一位做统帅。还有人认为，也可能是因为秦始皇是秦军最高统帅，为维护皇帝的绝对权威和神圣尊严，不能把秦始皇的形象塑在兵马俑坑里。不过，这两种说法都只是猜测而已，并无确凿证据。

铜车马

陶俑是如何烧制的?

据称,兵马俑坑中的陶俑和陶马均是泥制灰陶。这种陶具有火候高、质地硬等特点。而且考古人员经过观察,并没有发现模制迹象,也就是说每一个兵马俑都是一个个地雕塑而成的。

这些陶人陶马在暗无天日的地下掩埋了20多个世纪,出土后却仍然保持了色泽纯、密度大、硬度高等特点。据称,当代的制陶工艺大师经过十多年的努力,至今仅能仿造一些简单的陶人。至于复制陶马,他们反复试验竟无一成功。秦代这种杰出的泥塑工艺和制陶工艺,令后人佩服得五体投地。可惜的是,它的技术、配方都已失传,成了谜。

超越时代的铸造工艺

除了令人叹为观止的泥塑和制陶工艺外,武器铸造工艺更是让专家们惊叹不已。例如从2号坑出土的青铜剑,剑身长86厘米,无锈无蚀,就如同刚刚铸造好的一样,根本让人无法相信它们的年龄竟然已经高达2000多岁了。后来科学家们对这些青铜剑进行了检测,发现青铜剑表面竟然涂有一层极薄的氧化膜。这一发现立即震动了世界。因为这种铬盐氧化处理技术是人们在近代才掌握的一种先进工艺,但2000多年前的古人却已经把它应用在武器的铸造上了,这不能不说是一个让人匪夷所思的谜题。

兵俑

你 知 道 吗
NI ZHIDAO MA

殉葬,又叫陪葬,指把器物、牲畜甚至活人与死者一起葬入墓穴,以保证死者在阴间拥有好的生活。古代有些帝王死的时候,他们的妃嫔、奴仆等常常随同埋葬。由于死者或死者的臣子、亲属担心有人觊觎墓穴中的财物,从而盗墓,他们有时会将建造墓穴的工匠一并杀死陪葬,防止墓穴的秘密泄露。

"泰坦尼克"号沉没之谜

"TAITANNIKE"HAO CHENMO ZHI MI

在人类进行远洋航行的历史上，曾经有无数的船只沉入海底，但却没有一艘比"泰坦尼克"号更具有知名度。时至今日，关于它的话题仍未停歇，最令人好奇的莫过于它沉没的原因。

"泰坦尼克"号

👁 真是冰山惹的祸吗？

在电影《泰坦尼克号》中，轮船的沉没是因为轮船被巨大的冰山撞开一个约92米的大裂口。这个说法从1912年以来一直被广泛认同，直到1996年才被推翻。1996年8月，一支由几个国家的相关专家组成的调查组对"泰坦尼克"号的残骸进行了探测后，发现沉船并没有92米长的大裂口，而是有6处小"伤口"，总的损坏面积仅有3.7~4平方米。

其实，当时该船的设计师爱德华·威尔丁申述过这个情况，可是这个非常重要的证言被有意或无意地忽略了，因为当时的人们很难接受这样一个事实：一艘制作如此精良的巨轮只撞了6个小洞就沉没了！

👁 不怨冰山只怪自己不结实？

区区6个小洞自然无法让号称"永不沉没"的"泰坦尼克"号毁灭，据说该船"受伤"的主要原因在于自身质量不够好。

1992年，俄罗斯科学家约瑟夫·麦克尼斯等科学家经研究证实，当时的船体有很多硫黄夹杂物，它们让船体的钢板非常脆弱，所以"泰坦尼克"号是这样毁灭的：冰山撞击来得太突然，加上轮船的速度稍快，再加上船体的钢板较脆。

🀄 不是天灾，是人祸?

2004年，一个骇人听闻的言论跳到全世界公众面前："泰坦尼克"号的悲剧是白星轮船公司的主人——美国超级富翁J.P.摩根导演的，不是天灾！

英国研究者罗宾·加迪诺和安德鲁·牛顿在接受采访时说，1911年9月11日，"泰坦尼克"号的姊妹船——"奥林匹克"号在离开南安普顿出海试航时，船舷被严重撞毁。"奥林匹克"号的修理费十分昂贵，可保险公司认为事故原因全在轮船公司身上，拒绝赔偿。更糟糕的是，如果6个月后"泰坦尼克"号不能按时起航，公司就得破产。J.P.摩根等人急坏了，便想出了一个馊主意：把已经损坏的"奥林匹克"号伪装成"泰坦尼克"号，然后制造一场海难来骗取巨额的保险金。

罗宾·加迪诺和安德鲁·牛顿还说，本来白星轮船公司安排了一艘"加利福尼亚"号轮船停靠在大西洋的冰山区，准备在事故发生时救人，谁知"加利福尼亚"号竟然搞错了"泰坦尼克"号的位置和求救信号，于是大多数人都命丧汪洋。

无论是天灾还是人祸，"泰坦尼克"号为何沉没至今仍是一个谜。

百慕大三角之谜

BAIMUDA SANJIAO ZHI MI

从 1945年开始，有数以百计的飞机和船只在百慕大三角地区神秘地失踪。现在，百慕大三角已经成为那些神秘的、不可理解的各种失踪事件的代名词。

百慕大三角在哪儿？

百慕大三角并非是一个特定的地名，你在任何一张世界地图上都找不到它，即便是你正在跨过它的边界线，你多半也浑然不觉。它就像一个神秘的巫师一样隐藏起来，让人摸不清它的真实情况。但根据历年来发生的一些神秘事件来看，百慕大三角是真实存在的，它位于美国东南沿海的西大西洋上，北起百慕大群岛，延伸到佛罗里达州南部的迈阿密，然后通过巴哈马群岛，穿过波多黎各，再折回百慕大群岛，形成一个面积约1 300 000平方千米的三角地区。

为何被称为"魔鬼"？

1945年12月5日，美国第19飞行队在训练时恰巧进入

上面所述的那个区域中，在训练过程中，5架飞机突然莫名其妙地失踪。随后美国对这个区域进行了大量的调查，发现飞机失踪事件并不是偶然发生的——原来在这个地区，已有数以百计的船只和飞机失事，数以千计的人丧生。于是，"百慕大魔鬼三角"的称号不胫而走。

🜂 是外星人的基地吗？

科学家对"百慕大三角"海域进行考察时发现，这里是一个发射航天器和无线电导航信号的最佳之地。据此推断，外星人很可能选中了这个地方做基地，并将一种秘密信号系统埋设在海底，以此向宇宙空间定时发射无线电信号，引导飞碟在地球上着陆。这种无线电信号系统不仅能严重干扰和破坏飞机、轮船上的导航系统和驾驶员生理器官的功能，还能将它们神奇地摧毁。

想象中的外星人

🜂 巨大沼气泡是真凶？

最近，英国地质学家克雷奈尔教授提出了新观点。他认为，造成百慕大海域悲剧事件的元凶是海底产生的巨大沼气泡。当大量的气泡从海底上升到水面，会导致海水密度降低，并失去原来所具有的浮力。而恰逢此时经过这里的船只，就会像石头一样沉入海底。如果此时正好有飞机经过，气泡中散出的沼气遇到灼热的飞机发动机，会立即燃烧爆炸。

百慕大三角充满神秘性，至今无人能猜透，成为一个难解之谜。

百慕大三角海岸